덴마크 사람은 **왜 첫 월급으로** 의자를 살까

NAZE DENMARK JIN HA SHONINKYUU DE ISU WO KAUNOKA?
Copyright ⓒ Ryosuke Ozawa 2015

Original Japanese edition published by Kizuna Publishing
Korean translation rights arranged with Kizuna Publishing
through The English Agency (Japan) Ltd. and Danny Hong Agency.
Korean translation copyright ⓒ 2016 by Jaeum & Moeum

이 책의 한국어판 저작권은 대니홍 에이전시를 통한
저작권사와의 독점 계약으로 ㈜자음과모음에 있습니다.
저작권법에 의해 한국 내에서 보호를 받는 저작물이므로
무단전재와 복제를 금합니다.

덴마크 사람은
왜 첫 월급으로
의자를 살까

오자와 료스케 지음
박재영 옮김

꼼지락

다른 사람을 감동시키려면
먼저 자신이 감동해야 한다.
그렇지 않으면 제아무리 정교한 작품이라도
결코 생명력을 갖지 못한다.

— 장 프랑수아 밀레 | Jean Francois Millet

프롤로그

의자를 바꾸면
인생이 달라진다

당신은 의자를 어떻게 생각합니까?
단순한 생활 가구?
세련된 인테리어 용품?
혹은 애초에 생각한 적조차 없다거나?

저는 인테리어 회사인 '리그나 주식회사'를 운영 중인 오자와 료스케라고 합니다.

평소 가구, 인테리어, 공간연출 전반을 직접 담당하고 있으며 직업상 해외로 시찰을 가는 경우가 잦습니다. 그중 유럽에 매우 큰 영향을 받았는데, 특히 북유럽 가구의 발상지인 덴마크에서는 자동차를 직접 운전해 1,000km 이상 돌아다녔을 정도입니다.

그동안 세계적인 가구와 인테리어, 공간 등을 살펴보며 깨달은 점이 있습니다. 바로 동양과 북유럽의 가구에 대한 사고방식이 전혀 다르다는 것입니다.

뒤에서 자세히 설명하겠지만 이 책의 제목에도 사용된 '의자'를 예로 들어볼까요? 대부분의 일본인은 의자를 단순한 생활 가구로 생각합니다.

반면 유럽, 특히 덴마크인은 의자를 간단한 가구가 아니라 시간과 돈을 들여 갖춰놓는 '소중한 장소'로 여깁니다.

저는 이러한 사고방식의 차이가 마음의 풍요와 인생에 큰 영향을 준다는 사실을 깨달았습니다.

또한 전 세계의 '공간'이라고 불리는 곳을 찾아다니면서, 사람이 평소에 생활하는 공간이 곧 인생의 질을 좌우한다고 해도 과언이 아님을 몸소 느꼈습니다.

실제로 일본에서도 의자 하나를 바꾼 것을 계기로 일이나 인간관계 등이 호전되어 더 나은 인생을 사는 사람을 많이 보았습니다. 이것은 단순한 풍수나 미신이 아닙니다.

 그렇다고 무조건 돈을 들이면 삶이 나아진다는 뜻은 아닙니다. 넓은 집에 살아야만 인생의 질이 높아지는 것은 아니니까요.

 이 책의 제목은 '덴마크 사람은 왜 첫 월급으로 의자를 살까?'입니다.

 2016년 UN이 발표한 〈세계 행복지수 보고서〉에 따르면 '세계에서 가장 행복한 나라'는 덴마크라고 합니다. '행복 대국'이라는 별명을 가진 이 나라에서는 흔히 첫 월급을 받으면 대부분의 사람이 의자부터 구입합니다.

 '그토록 고대하던 첫 월급으로 왜 그런 물건을 살까?'

 이렇게 생각하는 사람도 분명히 있을 것입니다.

 그런 의문을 가진 독자라면 인테리어를 조금 바꾸는 것만으로도 지금보다 훨씬 더 행복해질 수 있는 소질을 지닌 사람이라고 단언합니다.

공간을 바꾸면 생활과 마음이 풍족해집니다.

이 책이 조금이라도 당신 인생의 질을 높일 수 있는 힌트가 되기를 바랍니다.

목차

프롤로그
의자를 바꾸면 인생이 달라진다 006

1장 세계에서 가장 행복한 나라의 비밀

첫 월급으로 가구를 구입하는 덴마크인 015　북유럽 가구는 왜 인기가 있을까? 022　전 세계의 롤모델이 되기까지 028　이상적인 파트너를 찾듯이 의자를 선택하자 031　세월의 멋을 고유의 디자인으로 받아들인다 035　과정을 소중히 하는 장인 정신 039

2장 덴마크인에게 배우는 삶의 질

돈을 쓰는 용도가 곧 인생의 방향이다 047　한 벌의 옷보다 공간에 투자하는 이유 050　타인과 친해지는 가장 좋은 방법 053　후세에 남기고 싶은 가구 하나를 가졌는가 056　자기중심의 사고방식에서 벗어나자 061

3장 인생이 잘 풀리는 공간 활용법

청결감, 산뜻함, 쾌적함 067　인테리어의 시작은 '좋은 냄새'다 069　오감을 만족시키는 인테리어 072　무조건 남향이 좋다는 것도 편견이다 075　방 하나마다 예술 작품 한 개씩 077　직접 찍은 사진 한 상의 효과 082　분위기를 바꾸는 벽시 선택 086　컬러는 굳이 통일하지 않는다 089　장인의 초밥 가게가 아름다운 이유 091

4장 꿈이 이루어지는 방은
무엇이 다른가

현관은 첫 번째 방이다 097　식물은 깔끔한 화분 안에서 키우자 103
러그는 방바닥 생활을 즐겁게 한다 108　호텔 방은 왜 카펫을 고집
할까? 112　의외로 중요한 벽걸이 시계 115　침실을 힐링 공간
으로 만드는 3가지 물건 119　건강한 사람은 주방이 아름답다 125
감동을 주는 화장실의 조건 129　수납만 잘해도 스트레스가 줄어든
다 132　발코니 활용으로 방의 깊이를 확대한다 135

5장 인생의 질은 공간이
좌우한다

삶을 바꾸는 가장 빠른 방법 143　왜 카페에서 일을 하면 잘될
까? 145　좋은 공간에는 좋은 인재가 모여든다 148　의자 하나
로 인생을 바꾼 남자 151　마음이 100% 충족되는 공간을 가졌는
가 156　인테리어는 자신을 표현하는 그림이다 158　소중한 사람
을 만족시킨다는 것 160

에필로그
멋진 공간에서의 웃음 넘치는 생활을 위해　164

1장

세계에서 가장 행복한 나라의 비밀

첫 월급으로 가구를 구입하는 덴마크인

'덴마크'라고 하면 무슨 생각이 먼저 떠오릅니까?

저마다 '북유럽 가구'나 동화로 유명한 '안데르센' 등 생각하는 이미지가 있을 텐데, 덴마크는 흔히 세계적으로 '가장 행복한 나라' 혹은 '행복 대국'으로 불립니다.

대부분의 덴마크 국민이 자신의 나라를 사랑하며 풍요로운 마음으로 행복하게 생활하고 있기 때문일 테지요. 그렇다면 어떻게 그들은 그렇게 삶에 만족도가 높을까요?

탄탄한 사회복지 서비스 등 여러 이유가 있겠지만, 인테리어 회사의 대표라는 제 입장에서 보면 이유는 '의자'에 있다고 생각합니다.

몇 년 전 저는 가구 거래처를 개척할 목적으로 덴마크를 처음 방문했을 때 큰 감명을 받았습니다.

당시 저희 회사는 작은 전시장 하나밖에 없는 소규모 업체였습니다. 사업은 그럭저럭 순조롭게 커가며 진척되었지만 매출이 조금 부진한 상황이었지요. 그런 상황에서 신규 거래처를 개척하겠다는 목표를 가지고 혼자 북유럽 가구의 본고장인 덴마크로 향한 것입니다.

일단 볼 수 있는 곳은 전부 둘러봐야겠다고 생각해서 지금까지 합산하면 덴마크 내를 자동차로 1,000km 이상 달렸습니다.

처음 덴마크에 갔을 때는 나라 전체가 평온하고 멋스러우며 사람들이 행복한 얼굴로 생활하는 나라라고 느꼈습니다. 전체적으로 평지에 시골인데도 각각의 요소가 매우 멋있게 보였습니다. 일반적인 도로나 거리에도 덴마크인의 고집이 느껴졌지요. 도로 표식 하나에도 귀여운 디자인이 눈에 띄었으며, 시내 전체의 분위기에도 통일감이 있었습니다.

또한 북유럽 가구의 발상지답게 주택이나 호텔의 인테리어도 일본과는 수준이 달랐습니다.

저는 덴마크에 가면 여러 등급의 호텔에 묵는 편인데, 호텔마다 등급에 상관없이 인테리어에 굉장히 신경을 쓰고 있음을 매번 실감합니다. 이를테면 저가 호텔이라도 각 방에는 그림과 같은 예술품이 장식되어 있고, 가구 하나만 봐도 매우 좋은 제품을 사용합니다.

이 책을 쓰기까지 수많은 덴마크인과 인터뷰를 해왔는데, 역시 인테리어에 대한 고집이 대단하다는 것을 느낍니다.

그중에서도 '덴마크에서는 대부분의 사람이 첫 월급으로 의자와 같은 가구나 인테리어 소품을 구입한다'는 사실에 깜짝 놀랐습니다. 당시의 제 감각으로는 도무지 이해할 수 없었습니다.

'사회에 나가서 처음 받은 월급으로 의자를 산다고?'

이렇게 생각했음을 선명하게 기억하고 있습니다.

하지만 지금은 그러한 부분에 덴마크인의 '행복'의 비밀이 있다는 점을 이해할 수 있습니다. 저는 늘 인테리어는 행복과 밀접한 관계가 있다고 의식하고 있습니다.

'인생'은 바꿔 말하면 '시간'입니다. 그 시간을 보내는 '공간'이야말로 그 사람의 행복으로 이어집니다. 즉, 다음과 같은 방정식이 성립됩니다.

공간 = 생활의 질 = 풍요로운 마음

그런 의미에서 덴마크인의 사고방식은 제 이상이기도 합니다.

'돈이 생겼을 때 옷이나 손목시계 등 자신을 꾸미는 물건이 아니라 본인이나 가족, 친구 등이 쾌적하게 지내기 위한 공간에 가장 먼저 투자한다. 그렇게 하면 생활의 질이 향상되어 마음이 풍요로워지며 일상에서 행복을 느낄 수 있다.'

이것이야말로 멋지고 행복한 나라 덴마크의 사고방식임을 진심으로 이해했습니다.

'세계에서 가장 행복한 나라'로 불리는 덴마크의 거리.

북유럽 가구는
왜 인기가 있을까?

북유럽 가구는 굉장히 인기가 많습니다. 일본에서도 2006년 인테리어 쇼핑몰 이케아(IKEA, 우리나라에서는 2014년 12월 이케아 광명점이 처음 문을 열었다 - 옮긴이)가 개장하면서 북유럽 가구를 직접 접할 수 있는 기회가 늘어났습니다.

서점의 인테리어 코너에 가봐도 '북유럽 인테리어', '북유럽 스타일의 방 꾸미기' 등의 내용을 담은 책을 많이 볼 수 있습니다.

이 북유럽 가구의 중심지이자 발상지라고도 할 수 있는 나라가 바로 덴마크입니다.

그렇다면 북유럽 가구는 어떤 특징이 있을까요?

우선 북유럽은 추운 지역인 탓에 집 안에서 보내는 시간이 길다는 점을 주목해야 합니다. 북유럽 가구는 이러한 독특한 생활 습관에서 비롯되어 만들어졌습니다. 오랜 시간 방에 있어도 질리지 않는 심플한 디자인과 높은 실용성, 편리성이 특징입니다.

그런 점에서는 장식이 많은 프랑스나 이탈리아의 가구와는 확실히 차별을 둡니다. 배색의 경우 흰색이나 빨간색, 파란색 등 원색 계통의 색을 즐겨 사용합니다.

일부 사람들은 북유럽 가구로 이케아만 알고 있기 때문에 저가형이라는 인상이 꽤 있는데 실제로는 그렇지 않습니다. 덴마크의 '칼 한센 앤 선Carl Hansen&Son'이나 'PP뫼블러PPMøbler' 등은 세계 굴지의 고급 가구로 유명합니다. 이 브랜드의 의자 중에는 하나에 수천만 엔이나 하는 제품도 있습니다.

가구를 잘 모르는 사람이 보면 '몇 천 엔이 아니라 몇 천만 엔이라고?' 생각할 수 있는데, 잘 보면 재질이나 구조가 값싼 제품과는 차원이 다르다는 점을 알 수 있습니다.

왜 이렇게 비싼 제품이 많을까요? 그 이유는 수공업을 전통으로 삼고 있어서 숙련된 장인이 가구마다 일일이 오랜 시간을 들여 정성껏 만들기 때문입니다. 또한 세부까지 깐깐하게 만들어서 매우 튼튼하며 내구성이 뛰어납니다. 장식과 같이 화려한 부분을 없애서 유행에 좌우되지 않고 오랫동안 사용할 수 있다는 장점도 있습니다.

북유럽 가구는 굉장히 고가의 제품이 많기는 해도 오랫동안 꾸준히 사용할 것을 전제로 합니다.

북유럽 가구로 꾸민 집.

전 세계의 롤모델이
되기까지

덴마크 의자는 전 세계에서 만들어지는 의자에 큰 영향을 주었다는 점도 알아두어야 합니다.

북유럽 모던디자인의 과거를 돌아보면 세계적인 인테리어 디자이너 중 덴마크 출신이 많습니다. 그중에서도 북유럽 가구 디자이너이자 거장으로 불리는 두 사람이 있습니다. '한스 웨그너Hans J. Wegner'와 '아르네 야콥센Arne Jacobsen'인데 둘 다 덴마크인입니다. 두 사람은 각각 훗날 세계적으로 큰 인기를 얻은 의자를 직접 디자인했습니다.

한스 웨그너는 1949년에 위시본 체어Wishbone Chair라는 의자를 제작했습니다. 이 의자는 Y체어라고도 부르는데 닭이나 오리의

목과 가슴에 있는 Y 형태의 뼈를 닮은 등받이 모양 때문입니다. 한스 웨그너는 총 500 종류가 넘는 의자를 직접 만들었는데, 그중에서 Y체어는 50년 이상의 시간이 흐른 지금까지도 전 세계에서 꾸준히 판매되고 있습니다. 목재의 아름다운 곡선과 안락한 느낌이 좋은 평가를 받은 것이 인기의 비결입니다.

아르네 야콥센은 1951년에 개미 의자라고도 불리는 앤트 체어Ant Chair를 만들었습니다. 원래 회사의 식당용 의자로 개발되었던 이 의자는, 출시했을 당시 팔걸이 부분이 없고 다리가 세 개라는 형태가 매우 참신했기에 크게 히트를 쳤습니다. 가늘고 긴 다리와 생김새가 개미를 닮았다는 점에서 앤트 체어라는 이름이 붙었는데, 등받이와 좌면의 삼차원 일체성형 공법을 세계 최초로 실현한 것으로, 현재까지도 전 세계에서 계속 판매되고 있습니다.

이렇듯 덴마크에서는 지금도 여전히 세계의 가구 경향에 영향을 주는 새로운 제품이 많이 생산되고 있습니다.

덴마크인은 자신이 좋아하는 담요를 의자에 덮어서 사용한다.

이상적인 파트너를 찾듯이
의자를 선택하자

덴마크인의 집에 가면 의자가 굉장히 많은데, 보통은 그 모습을 보고 깜짝 놀라기 마련입니다. 의자의 수가 그토록 많은 이유는 세대를 뛰어넘어 애용하고 있고, 새 의자를 구입할 때도 시간과 노력을 충분히 들인 것이라 쉽사리 버릴 수 없기 때문입니다.

앞에서도 잠깐 언급했지만 덴마크에서는 오래 사용할 것을 전제로 해서 의자를 만듭니다. 따라서 새 의자로 아주 간단히 교체하는 경우가 없습니다.

가구가 소중한 자산이라는 생각이 강해서 자신의 부모나 조부모 세대로부터 물려받는 것을 상식이라고 여깁니다.

대부분의 덴마크인과 대화를 거듭해보면 가구라는 존재를 정말로 소중히 생각한다는 사실을 알 수 있습니다.

　일본에서 의자를 구입할 경우, 대체로 제조사의 품질 보증 기간이 5년 정도라서 몇 년 사용하다가 새것으로 교체하는 일이 일상적입니다.

　그러나 덴마크에서는 겨우 5년 정도 지났다고 의자를 새로 구입하는 일은 생각조차 할 수 없습니다. 이는 마치 이상적인 파트너를 찾는 것과 같습니다. 돈과 수고를 들여서 가구를 선택하고, 그렇게 엄선한 가구를 자신의 아이나 손주 세대에게까지 몇 십 년이고 남길 수 있도록 소중히 다룹니다.

　'물건을 소중히 한다.'

　지극히 당연한 일이지만 덴마크인은 이를 몸소 실천하고 있습니다.

덴마크인 친구의 집 실내 모습.

세월의 멋을 고유의
디자인으로 받아들인다

유럽에서는 옛것을 소중히 다뤄서 후세에 남기는 문화가 정착되어 있습니다. 덴마크에서도 100년 이상 전에 지은 공장이나 창고 건물을 일부 변경해서 가구 전시장으로 이용하는 회사가 많습니다.

반면 일본에서는 가구 전시장을 만들 때 일반적으로 어딘가 적당한 빌딩 1층의 임대 공간을 찾아서 가구를 반입하고 간판을 다는 등의 과정을 따릅니다.

반면 덴마크에서는 굳이 낡은 건물을 찾아서 대규모 보수공사를 하고 용도에 맞게 고쳐서 재이용하는 경우가 비일비재합니다.

'오래된 건물이야말로 가치가 있다.'

'낡음은 진정한 아름다움이다.'

이런 관점을 갖고 있기 때문입니다.

역사가 있는 물건을 아름답게 계속 사용하는 행위야말로 미덕이자 격식이라는 생각이 덴마크에서는 상식입니다.

과장된 말 같겠지만 이를테면 벽에 살짝 묻은 얼룩도 '디자인'으로 받아들입니다.

오래된 물건이나 얼룩 등을 다른 나라 사람은 즉시 깨끗하게 만들고 싶어 하지만, 덴마크에서는 이를 '멋'으로 받아들여서 남기려고 합니다.

즉, 옛것을 '가치'로 인식하는 것입니다.

조금 과격한 표현이지만, 일본에서는 교토 등을 대표하는 역사적인 건축물을 제외하고 뭐든지 어중간하게 깨끗이 하려고 하는 탓에 '멋있다', '아름답다'는 이미지를 찾기 어렵습니다. 자동차를 예로 들면 쉽게 이해할 수 있습니다. 유럽산 자동차인 메르세데스 벤츠나 포르쉐의 디자인은 몇 년이 지나도 크게 바뀌지 않습니다. 그래서 누가 봐도 한눈에 '벤츠다!', '포르쉐다!'라고 알 수 있습니다.

그에 비해 일본산 자동차는 모델을 교체하면 완전히 다른 모양으로 바뀌는 경우가 허다합니다. 똑같은 차종인데도 외관에 공통점이 전혀 없습니다.

전체를 초기화해서 계속 새로 만드는 것이 일본의 사고방식이라고 한다면, 디자인이 좋은 제품을 조금씩 개선해나가면서 꾸준히 만드는 것이 유럽의 사고방식입니다.

일본은 '계승'이라는 의식이 다소 희박하지 않나 생각합니다. 일본인은 더러워지면 그 즉시 깨끗하게 만들고 싶어 하고, 덴마크인은 얼룩조차 디자인으로 받아들입니다.

예컨대 소중히 아끼는 물건에 흠집이 생겼다고 합시다. 제 주변에 있는 대부분의 사람은 '이 흠집을 어떻게 수선할까?'라고 생각합니다. 반면 덴마크인은 '이 흠집을 어떻게 멋스럽게 남길까?'라고 생각합니다.

건물에 대한 생각도 이와 똑같아서 덴마크인은 오래된 디자인을 유지하면서도 쾌적하게 살 수 있는 방법을 찾으려고 애씁니다.

이 사고방식은 최근 일본에서도 리노베이션(Renovation, 기존의 건축물을 헐지 않고 노후화한 부분을 개수·보수해서 사용하는 방식 - 옮긴이) 활성화로 나타나고 있습니다. 특히 멋을 아는 젊은 사람들의 주도로 옛것을 남기자는 사고방식이 활발해졌습니다.

상가를 개조해서 셰어하우스로 만들거나 오래된 여관을 개조해서 디자인 호텔로 만드는 등 다양한 활용 방법을 생각하는 젊은 사람이 늘어나는 것 자체가 매우 좋은 흐름이라고 생각합니다. 하지만 아직은 상식이라고 할 정도까지는 아닙니다.

옛것이야말로 아름답다.
옛것을 계승해나간다.

이런 사고방식이 덴마크의 '풍요로움', '행복지수' 등의 키워드에 영향을 주지 않았을까요?

과정을 소중히 하는 장인 정신

덴마크에는 지금까지 몇 번이나 방문했는데 그때마다 배울 점이 참 많다고 느낍니다.

  덴마크를 대표하는 '칼 한센 앤 선'이라는 가구 회사를 찾아간 적이 있는데, 회사 내부의 인테리어부터 수준이 높아서 공간에 대한 그들의 마인드를 알 수 있었습니다.

  코로나 체어 Corona Chair 등으로 유명한 '에릭 요르겐센 Erik Jorgensen'이라는 가구 회사도 방문했는데, 이곳 역시 지은 지 100년이 넘은 공장을 용도에 맞게 리노베이션해서 멋진 곳으로 연출해 사용하고 있었습니다.

덴마크에서 여러 가구 회사를 방문하며 느끼는 공통점은 '수작업에 대한 고집'입니다. 앞에 언급한 인기 상품인 코로나 체어도 전부 수작업으로 제작되고 있습니다. 덴마크 가구는 장인이 수작업으로 만듭니다. 기계로 만든다는 개념이 거의 없습니다. 일일이 정성을 들여서 만들기 때문에 비싼 제품이 많지만, 질이 좋고 튼튼해서 오래 쓸 수 있습니다.

덴마크인은 '만드는 방법을 바꾸지 않는다'고 하기보다는 오히려 '바꾸고 싶지 않다'는 의식을 가지고 있습니다. 그래서 물건을 소중히 하는 것은 당연하고 물건이 만들어지는 작업 과정도 중요하게 생각한다고 합니다. 이런 생각은 덴마크인과의 인터뷰에서도 느낄 수 있었습니다. 수작업을 하는 장인들에게 물어보니 "눈에 보이지 않는 부분이기에 수작업을 더욱 고집합니다"라고 대답했습니다.

고급 자동차 제조업체인 '롤스로이스'도 마찬가지입니다. 전부 수작업으로 이루어지는데 장인들은 그 과정을 즐기면서 제품을 만듭니다.

이런 장인 정신에 부응하여 의자를 사용하는 사람들도 장인이 손으로 직접 만들었다는 점에 애착을 느끼면서 의자에 앉습니다.

저는 덴마크의 가구 장인들을 보고 느낀 점이 있습니다. 앞으로는 세상에 IT화, 기계화가 더욱더 진행되어 현재 인간이 처리하는 일의 약 절반 이상이 사라질 것이라고 합니다. 그런 상황에서는 이른바 극단적인 위치에 있는 것만 살아남을 수 있지 않을까요?

요즘 화제가 되고 있는 전기자동차 제조업체 '테슬라'처럼 자동화할 물건은 철저히 자동화하는 브랜드와 반대로 덴마크의 장인들처럼 수작업을 고집하며 사람이 정성을 들여서 만드는 브랜드만이 앞으로도 계속 명맥을 이어나갈 것이라고 생각합니다. 극단적인 양극화 시대는 이미 눈앞에 닥친 현실이나 다름없습니다.

오래된 건물을 개조해 만든 덴마크의 가구 전시장.

생활과 마음을 풍요롭게 하는 **공간 상식**

- 덴마크가 '행복 대국'인 이유는 인테리어에 있다.
- 북유럽 가구는 오랫동안 꾸준히 사용할 것을 전제로 만들어진다.
- 가구를 고를 때는 신중하게 시간과 노력을 들인다.
- 옛것을 계승한다는 정신을 갖는다.
- 물건이 만들어지는 작업 과정까지 중요하게 생각한다.
- 덴마크에는 세계적인 가구 회사가 많다.

2장

덴마크인에게 배우는 삶의 질

돈을 쓰는 용도가
곧 인생의 방향이다

수많은 덴마크인과 이야기를 해보면 공통적으로 자신의 공간에 '자신감'과 '긍지'를 가지고 있다는 점을 알 수 있습니다. 그리고 놀랍게도 결과적으로 스스로에게도 자신감을 갖고 있는 사람이 많았습니다.

예를 들어 해외에 사는 친구가 방문하면 덴마크인은 자신의 집으로 초대하는 경우가 많습니다. 본인이 살고 있는 공간에 대한 자부심이 있기 때문에 자신이 생활하는 집에 주저 없이 손님을 초대할 수 있는 것입니다.

그에 비해 동양의 문화는 어떻습니까? 각종 모임이 늘고 홈파티를 여는 사람도 많아졌지만, 자택에 초대하는 일은 왠지 모르게 주저하게 되지 않습니까?

조금 극단적일 수도 있지만 저는 인테리어는 물론이고 스스로에게 자신감이 없는 사람이 많기 때문이라고 생각합니다.

이 책의 제목은 '덴마크 사람은 왜 첫 월급으로 의자를 살까?'인데, 어느 대형 보험회사의 데이터에 따르면 첫 월급으로 가구를 구입하는 일본인은 6%가 안 된다고 합니다.

일본인은 집과 관련된 물건보다는 일상용품 쪽에 돈을 쓰기 십상입니다.

덴마크인은 자신이 행복하고 쾌적하게 살아가기 위한 곳에 돈을 쓰는 데 비해 일본인은 자신을 치장하는 물건에 돈을 쓴다고 생각합니다.

'덴마크인은 첫 월급으로 자신과 소중한 사람이 쾌적하게 생활하기 위한 공간에 돈을 쓴다.'

이 사고방식에서 우리는 중요한 사실을 배울 수 있습니다.

자신을 치장하는 물건에 돈을 필요 이상으로 들이는 일본인과 자신이나 주변의 소중한 사람이 행복하고 쾌적하게 지내기 위해 돈을 사용하는 유럽식 생각의 큰 차이야말로 멋과 행복, 그리고 마음의 풍요와 직결된다는 사실을 명심합시다.

한 벌의 옷보다
공간에 투자하는 이유

저는 해외로 출장을 갈 때마다 일본인은 옷에 매우 관심이 높다는 사실을 새삼 깨닫습니다. 실제로 유럽과 비교하면 일본에는 도처에 옷가게가 있으며 늘 세일 행사를 하고 있습니다. 앞에서 자신감이 없어서 옷으로 치장하는 사람에 관해 이야기했습니다.

자신에게 자신감이 없으면 불필요한 경쟁이 생겨납니다. 외모나 소지품으로 '내가 더 좋은 물건을 갖고 있다'는 이상한 경쟁심을 일으키는 것입니다. 이렇듯 지나치게 자신을 꾸미는 사람은 어떤 의미에서 자존감이 낮다고 할 수 있습니다.

이렇게 말하는 저 역시 옷이나 가방, 자동차를 매우 좋아합니다. 하지만 필요 이상으로 사지 않도록 항상 주의합니다.

유럽인에게 물어보면 일본의 일부 사람들이 빚을 내서 옷이나 가방을 구입하는 행동에 무척 놀랍니다. 확실히 대출까지 받아서 그런 물건을 살 필요가 있을까 싶습니다.

그렇게 해서 자신이 얼마나 행복해졌는지 물어봐도 대답할 수 없지 않을까요?

옷은 남들이 보는 듯해도 사실은 거의 보지 않는 경우가 많기 때문에 결국은 자기만족에 지나지 않습니다. 실제로는 연인 사이와 같이 친밀한 관계라 해도 전에 만났을 때 무슨 옷을 입었는지 매번 기억하지 못합니다.

옷에 돈을 들이는 행위를 부정하는 것이 아닙니다. 저도 옷 사기를 좋아해서 그게 즐겁다는 사실은 잘 압니다.

그러나 한정된 비용 내에서 좀 더 자신이 행복하게 살아갈 수 있는 방법을 고려했을 때, 정말로 중요한 것이 무엇인지 생각하기 바랍니다.

옷은 기본적으로 입는 본인만 기분 좋게 만들어줍니다. 앞에서도 말했듯이 거의 자기만족의 세계입니다.

그렇다면 이 책의 주인공인 가구와 인테리어는 어떨까요?

이것들이 구입한 사람만을 만족시킬까요? 절대로 그렇지 않습니다.

시간과 노력을 들여 만든 공간에서 자신은 물론이고 초대한 손님이나 소중한 사람이 '쾌적하다', '아늑하다'고 느끼며 편히 쉴 수 있습니다.

이처럼 인테리어란 그 공간에 있는 모든 사람을 행복하게 하고 좋은 인상을 주는 힘을 갖고 있습니다.

타인과 친해지는
가장 좋은 방법

덴마크를 비롯한 북유럽 국가의 사람은 최고의 '접대'란 자택에 사람을 초대하는 일이라는 사고방식을 가지고 있습니다. 상대를 집으로 불러서 홈파티를 하거나, 뭔가 축하할 일이 있을 때 주인공을 집에 깜짝 초대해서 파티를 열어주는 일이 덴마크 문화에서는 당연하게 일어납니다. 따라서 인테리어를 좀 더 좋게 하려는 의식이 높습니다.

그런 점에서 동양은 어떨까요? 집에 사람을 초대하는 문화가 그다지 없습니다. 물론 '우리 집은 좁아서 누구를 초대할 만한 곳이 못 된다'고 생각하는 사람도 있을 것입니다. 확실히 도쿄나 서울 같은 도심부의 주택 사정을 고려하면 협소한 집에 사는 사람이 많습니다.

그러나 손님을 접대하는 데 집의 넓이는 상관없습니다. 초대받은 사람은 '자신을 사적인 공간에서 대접해주었다'는 사실에 기뻐합니다. 집의 넓이에 기쁨을 느끼는 것이 아닙니다. 상대가 나름대로 정성껏 대접하는 행동에 기분 좋은 것입니다.

물론 고급 레스토랑에서 접대하는 것도 좋습니다. 그래도 역시 자신의 주거 공간에 손님을 초대해 그곳에서 예의를 다한다면 관계가 주는 본질적인 기쁨을 훨씬 더 느낄 수 있지 않을까요?

덴마크에서는 외식하는 사람이 적습니다. 초대라는 문화적 배경이 있기에 외식산업이 그다지 번성하지 않았습니다. 레스토랑에서 데이트를 하는 일을 당연시하는 일본에 비해 덴마크는 그렇지 않습니다.

그렇다고 덴마크인이 외식을 부정하는 것은 결코 아닙니다. 다만 대부분의 남성과 여성이 요리를 곧잘 하고 손님을 초대해서 자신이 만든 요리를 대접하는 일을 즐깁니다.

그런 감각이 우리에게 얼마나 있을까요? 안타깝게도 현실적으로 매우 적습니다. 극단적으로 말하면 지갑을 꺼내서 돈을 내주는 것을 대접이라고 생각하는 사람이 많을 정도입니다.

자신의 몸을 움직여서 대접하는 일은 중요합니다. 아마 옛날의 일본이었다면 그런 문화가 있었을 것입니다.

하지만 현대 일본에서 성심성의껏 자신의 시간을 소비해가며 대접하는 행위가 일상적일까요?

일본에서는 집에 사람을 초대해서 요리를 대접한다고 하면, 아무래도 연인 사이와 같이 특별한 관계에 있는 사람을 연상하기 쉽습니다. 이런 사고방식도 소통의 범위를 좁히는 요소 중 하나일 수 있습니다. 정말로 친하게 지내고 싶은 사람, 신세를 진 사람 등을 집에 초대하고 싶다면 망설이지 말고 행동해보는 것이 좋습니다. 그런 행동이야말로 타인과의 친밀도를 더욱 돈독히 하고 마음을 서로 통하게 할 수 있는 계기가 될 것입니다.

후세에 남기고 싶은
가구 하나를 가졌는가

'도구'를 구입하는 일과 '가구'를 구입하는 일은 서로 비슷한 듯하면서도 다릅니다.

최근에는 고객들의 관심이 저가 제품에 쏠려서 조립식 저가 가구 회사로 인기가 집중되고 있습니다.

그러나 감히 말하자면 이런 제품은 가구로 보이는 도구라고 생각합니다.

그렇다면 '가구'와 '도구'의 차이는 무엇일까요? 그 차이는 명확합니다. 도구는 쓰면 쓸수록 품질이 저하되어 쓰레기에 가까워집니다. 가구는 쓰면 쓸수록 멋스러워지고 빈티지한 느낌이 들며, 또 앤티크 물건으로 변신합니다. 앞에서도 말했지만 결국 가구란, 계승해나가고 후세에 전할 수 있는 물건이 되어야 합니다.

일본은 도구를 갖추는 문화는 있지만 유럽처럼 가구를 소중한 자산으로 생각해 후세에 남기려 하지는 않습니다. 1만 엔(약 11만 원)으로 쓰레기가 될 물건을 살까요, 아니면 10만 엔(약 110만 원)으로 가치를 살까요? 당신은 그 가격 차이의 본질이 보입니까? 버리기 위해 구입할까요? 남기기 위해 구입할까요? 그 차이는 매우 큽니다.

가죽이나 나무는 시간의 흐름에 따라 멋이 두드러집니다. 합성피혁을 구입하면 당장은 보기에 좋겠지요. 그러나 10년 후를 생각하면 과연 어떨까요? 찢어지면 어떡하지? 녹으면 어떡하지? 이런 점을 의식해야 합니다.

저는 인테리어 전문가로서 쓰레기가 될 것이 예상되는 도구를 구입하지 말고, 후세에 남기고 싶은 가구를 구입하자고 끊임없이 강조하고 있습니다. 유럽이 옛것을 소중히 다루듯이 우리도 가구나 건물을 후세에 소중히 남기기를 바랍니다.

오늘도 세계 이곳저곳에서는 옛것을 부수고 새로 만드는 일이 빈번하게 일어납니다.

반면 덴마크에서는 100년, 200년, 오랫동안 남아 있는 물건을 좀 더 오래 남기려고 생각합니다.

'가구'를 사용할까요? 아니면 '도구'를 사용할까요? 그 차이를 아는 것이 가장 중요합니다.

저자가 운영하는 '리그나 테라스 도쿄' 매장.

자기중심의 사고방식에서
벗어나자

지금까지 덴마크인의 사고방식 및 문화적 배경에 대해 설명했는데, 나라 간의 차이에 관계없이 '자기중심'인지 '타인 중심'인지를 가장 먼저 의식해야 합니다.

최근의 문화는 기준이 '자신'에게 있어 '자기중심'이라고 생각합니다. 물론 저도 요즘 사람이라 이 성향을 부정하지는 않겠습니다. 하지만 이러한 경향이 사고방식과 행복지수에 큰 영향을 준다는 사실을 전하고 싶습니다.

일본인은 세계 기준으로 보면 일치단결력이 매우 강하고 서로 돕는 민족으로 불립니다. 동일본 대지진이 일어났을 때 세계에서 칭찬받았듯이 상대를 도울 마음이 충분히 있는 착한 사람들이 모여 있습니다.

그러나 일본이 이토록 거국적으로 '접대'를 표방한다고 해도 실제로 각 가정에서는 타인에 대한 접대가 제대로 이루어지고 있지 않습니다.

앞에서 인테리어는 '행복'과 결부된다고 했습니다. 행복이라는 단어와 '인테리어'나 '공간'이라는 단어는 밀접한 관계를 갖고 있습니다.

덴마크인처럼 공간을 꾸미면 행복해질 수 있습니다. 멋진 의자, 쾌적한 소파, 아늑한 공간……. 대접하는 사람과 대접받는 사람 모두가 매우 행복해질 수 있습니다.

공간을 바꾸는 것만으로 사람은 행복을 느낄 수 있습니다.

이 사실을 깨닫고 실천해봅시다.

생활과 마음을 풍요롭게 하는 **공간 상식**

- 자신에게 자신감을 갖는 것이야말로 풍요롭게 생활하기 위한 포인트다.
- 옷은 결국 '자기만족'이다.
- 접대는 집의 넓이와 관계가 없다.
- '도구'가 아닌 '가구'를 구입하자.
- 공간을 꾸미는 일은 행복과 직결된다.

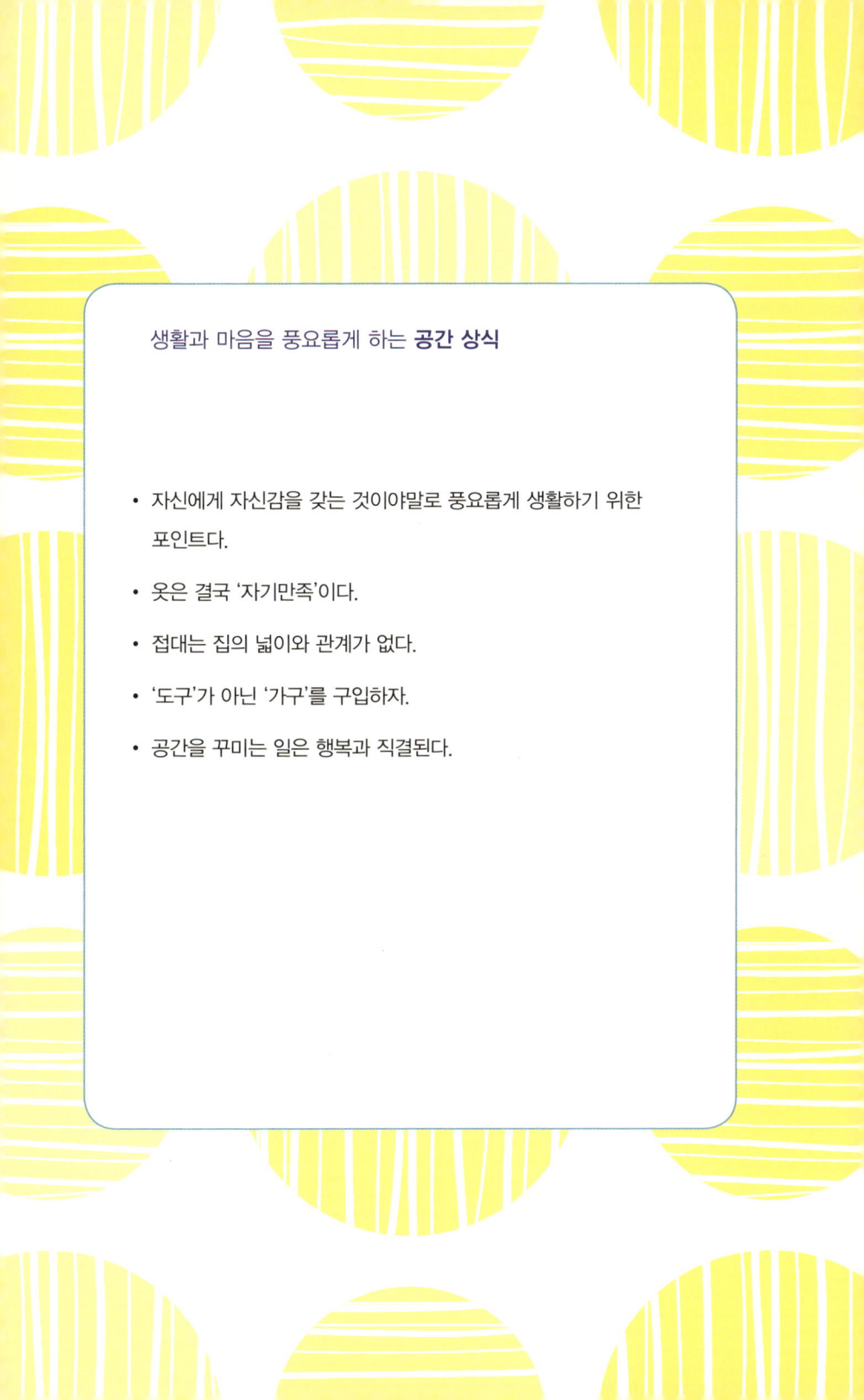

3장 인생이 잘 풀리는 공간 활용법

청결감, 산뜻함, 쾌적함

3장에서부터는 덴마크인이 실천하듯이 평소에 지내는 공간을 좀 더 쾌적하게 만드는 데 필요한 구체적인 조언을 적어보겠습니다.

자신의 방을 어떻게 꾸밀지 고려할 때 중요한 점이 있습니다. 바로 '인테리어는 오감으로 즐긴다'는 것입니다. 이를 아느냐 모르느냐에 따라 쾌적한 공간을 조성한 결과가 완전히 달라집니다.

일단 방을 꾸미는 데 무엇이 중요한지 알아두어야 합니다. 특히 '청결감'이 중요하므로 무엇보다 우선해야 합니다. 청결감이 없는 방은 아무리 멋진 가구가 있다 해도 쾌적한 공간으로 만들 수 없습니다. 그러므로 가장 먼저 청결감을 대전제로 삼아 공간을 꾸미기 바랍니다.

아무리 좋은 가구라 해도 먼지가 쌓였거나 벗은 옷이 그대로 그 위에 쌓여 있으면 보기에 좋지 않습니다. 또 아무리 고급스러운 그림을 걸어놓는다 해도 벌레가 날아다니는 방은 불쾌하기 짝이 없습니다.

인테리어에서 청결감을 다른 말로 하면 '산뜻함', '쾌적함' 등으로 표현할 수 있습니다. 그럼 이 청결감을 표현하기 위해 필요한 기술을 이제부터 알려드리겠습니다.

인테리어의 시작은 '좋은 냄새'다

방을 꾸밀 때 대부분의 사람이 의외로 의식하지 않는 지점이 있습니다.

남의 집에 가서 현관문을 연 순간, 무엇이 가장 먼저 신경 쓰일까요? 바로 '냄새'입니다. 어느 누구의 집에나 특유의 냄새가 존재하는데, 생활하는 본인은 그 냄새에 익숙해진 탓에 아무래도 잘 느끼지 못합니다. 여러분도 다른 사람의 집에 방문했을 때 '왠지 이 집에서 나는 냄새는 거북하다'고 느낀 적이 한번쯤 있지 않습니까? 그만큼 사람은 냄새에 민감합니다. 그런데도 현실적으로는 평소에 자신의 집에서 나는 냄새를 신경 쓰는 사람이 의외로 적습니다.

북유럽 사람은 자신의 집 냄새에 신경을 씁니다. 후각은 매우 민감한 감각인데도 동양권에서는 냄새까지 의식하지 않는 집이나 가게 등이 많습니다. 그러나 문을 연 순간 좋은 냄새가 나는 집은 그 시점에서 호감도가 한층 더 올라갑니다.

좋은 향기가 나면 '안에 들어가보고 싶다'는 마음으로 변화합니다.

반대로 현관문을 연 순간 이상한 냄새가 난다면 그 시점에서 집 안에 발을 들여놓고 싶은 마음이 싹 사라집니다. 인테리어가 아무리 돋보여도 현관 앞에서 마음에 제동이 걸리고 맙니다. 이는 어쩔 수 없습니다.

인간의 코는 냄새에 익숙해지도록 만들어져 있으므로, 공간에서 좋은 향기가 나도록 신경 쓰지 않으면 반드시 특유의 냄새가 집 안 전체에 옮기 마련입니다.

설사 악취가 나더라도 좋은 향기를 더하기만 하면 됩니다. 이때 아로마 오일이나 방향제를 사용하면 좋습니다. 좋은 향기가 나는 실내용 방향제를 하루에 여러 번 뿌려주기만 해도 방에 좋은 냄새가 뱁니다.

특히 거실에는 감귤 계열의 향이 좋습니다. 그중에서도 유기농 아로마 오일이 적합합니다. 유기농이라 건강에도 좋고 진정한 의미에서 몸의 긴장을 풀 수 있습니다.

저는 항상 냄새에 각별히 신경을 쓰는 덕분에 손님을 집에 초대할 경우 "와! 좋은 냄새가 나네요"라는 말을 가장 먼저 듣습니다.

수많은 인테리어 서적에는 향기에 관한 내용이 쓰여 있지 않습니다. 맹점이지요. 그러니 모르는 동안에는 냄새를 의식하지 못해도 어쩔 수 없습니다.

그래도 방향제 등을 방에 뿌리기만 하는 일이라면 오늘부터 당장 실천할 수 있겠지요?

인테리어는 향기에서부터 시작된다는 사실을 의식합시다.

오감을 만족시키는
인테리어

인테리어는 기본적으로 오감을 만족시키는 역할을 해야 합니다. 후각, 미각, 시각, 청각, 촉각 전부가 흡족해야 할 필요가 있습니다. 가장 먼저 후각이 중요하다는 사실은 앞에서 설명했습니다.

공간의 눈에 비치는 모습 즉, 시각만 만족스러우면 된다고 생각해서 다른 감각을 무시하면 안 됩니다.

이를테면 청각은 어떨까요?

'청각이 인테리어와 무슨 관계가 있나?'라고 생각하는 사람이 있을 수도 있지만, 멋진 공간과 배경음악은 떼려야 뗄 수 없는 사이입니다. 공간에 흐르는 음악은 그 공간의 분위기를 결정하는 큰 요소입니다. 집의 경우에는 집주인의 센스와 가치관을 알 수 있습니다.

굳이 대화를 나누지 않아도 즉석에서 음악이라는 형태로 상대방의 귀에 분위기를 전할 수 있습니다. 음악에 대해 잘 모르는 사람은 일단 '재즈' 베스트 앨범을 틀어보세요. 그것만으로 순식간에 세련된 공간으로 탈바꿈합니다.

시각 또한 설명이 필요 없습니다. 보기에도 지저분하고 잡다한 물건이 쌓여 있는 공간은 아무래도 거북하고 불쾌한 기분이 듭니다. 덴마크인의 집은 어느 가정이나 보기에도 아름답고, 쓸데없는 물건을 쌓아놓지 않습니다.

미각도 인테리어에 큰 영향을 줍니다. 카페나 레스토랑을 연상해보면 쉽게 이해할 수 있을 것입니다. 멋진 공간에서 식사를 하면 몇 배나 맛있게 느껴질 때가 있지 않습니까? 언뜻 보기에 관계가 없는 듯해도 공간은 미각에 큰 영향을 줍니다.

또 촉각도 중요합니다. 사람은 의자에 앉았을 때의 아늑한 기분, 테이블의 나무 질감 등 손에 닿는 모든 것에 온기나 스트레스와 같은 감각을 느끼도록 만들어져 있습니다. 덴마크인이 장인의 수작업으로 만들어진 고가의 가구를 사용하는 이유는 촉각으로 느끼는 좋은 기분을 소중하게 생각하기 때문입니다.

이렇듯 인테리어는 오감 전체에 영향을 줍니다.

인테리어를 바꾸는 것만으로 생활의 질이 순식간에 향상된다는 사실을 알아주었으면 합니다.

인테리어는 자기만족뿐만 아니라 상대를 위한 배려이기도 합니다. 인테리어와 공간은 당신과 주위 사람을 행복하게 합니다. 집을 꾸밀 때 타인을 염두에 두고 그의 만족을 중점적으로 고려하면 인테리어의 센스가 더욱더 향상될 것입니다.

무조건 남향이 좋다는
것도 편견이다

인테리어는 오감으로 즐겨야 한다고 설명했는데, 방에 들어오는 햇빛도 매우 중요한 요소 중 하나입니다. 사람은 밝고 부드러운 햇살에 둘러싸인 공간에서 비로소 평온하고 행복한 기분을 느낄 수 있습니다.

동양권에서는 집을 구할 때 남향이어야 햇빛이 잘 드는 좋은 집이라고 여깁니다.

그러나 이는 풍수지리 사상이 강한 나라에 국한된 상식일 뿐이며, 서양권에서는 집이 10층 이상에 위치할 경우 오히려 북향일 때 비싼 가격으로 거래됩니다. 의외라고 느낄 수 있겠지만 북향집이 훨씬 인기가 많습니다. 그 이유는 직사광선이 들어오지 않기 때문입니다. 다시 말해 가구가 상하지 않는다는 뜻입니다.

또한 순광(順光, 역광의 반대말 - 옮긴이)이라서 경치가 아름답게 보입니다. 남향집은 역광이기에 확실히 밝기는 하지만, 직사광선이 들어오는 탓에 가구가 상하고 경치도 잘 보이지 않습니다. 북향집일 경우 자신의 집 뒤에서 햇빛이 비치기 때문에 경치가 예쁘게 보입니다.

참고로 제가 살고 있는 집도 북향입니다. 그래도 낮 동안 밝고 식물도 잘 자라며 여름에는 창문을 활짝 열면 에어컨을 안 틀어도 기분 좋을 정도로 쾌적합니다.

특히 10층 이상의 고층에 거주할 예정이라면 볕이 잘 드니까 무조건 남향이 좋다는 편견은 버려도 좋을 것입니다.

방 하나마다
예술 작품 한 개씩

덴마크뿐만 아니라 유럽에서는 각각의 방이나 복도에 대부분 예술 작품을 장식해둡니다. 그림이나 사진, 오브제 등을 공간을 꾸미기 위한 중요 옵션으로 여기는 것이 상식입니다. 저도 평소에 '원 룸, 원 아트를 일상화하자'는 사고방식을 끊임없이 주장하고 있습니다. 말 그대로 '방 하나에 예술 작품 하나를 장식하자'는 뜻인데, 이는 공간을 꾸밀 때 반드시 실천해야 합니다. 예술 작품은 풍요로운 생활의 상징이기 때문입니다.

　방 하나당 그림 하나를 장식하는 습관이 동양권에는 아직 정착되지 않았습니다. 아무래도 예술 작품은 뒷전으로 미루는 경우가 많습니다.

그러나 잘 생각해보면 부자 중에 예컨대 옷이나 돈에 질리고 돈도 벌 만큼 벌었다는 사람들은 마지막에 예술 작품에 관심을 갖습니다. 나라를 불문하고 부유층의 최종 도달점, 물욕의 종착지가 바로 예술 작품입니다. 그래서 풍요의 상징이라고도 할 수 있습니다.

예술 작품이 없어도 살아갈 수는 있지만, 예술 작품이 있으면 자기 중요감이 충족되어 마음과 생활이 풍요로워집니다. 따라서 '원 룸, 원 아트'가 필요합니다.

부유층의 최종 도달점이라고 과장스럽게 표현했는데, 무엇이든 비싼 것만이 예술 작품은 아닙니다. 이름 없는 화가의 유화나 유명한 일러스트의 복제품이라도 상관없습니다. 설령 작은 엽서라 해도 자신의 감성을 자극하거나 방에 장식했을 때 어울릴 만한 것 등을 어렵게 생각하지 말고 선택해봅시다.

'난 그림에 흥미가 없으니 됐어'라고 생각하는 사람이라도 자신의 방에 걸기 위해 그림을 보면 진지하게 살펴볼 수 있을 것입니다. 예술 작품은 의외로 실용적입니다. 공간을 꾸민다는 의미에서 예술 작품만큼 효과가 큰 것은 없습니다.

일본에서는 세계적인 디자이너나 크리에이터가 성장하기 어렵다고 종종 말하는데, 이 역시 '원 룸, 원 아트'의 사고방식이 정착되면 달라질 수 있습니다. 반대로 말하면 세계에서 활약하는 디자이너나 크리에이터가 유럽에 많은 이유 중 하나는 예술 작품을 가까이하는 문화가 상식으로 여겨져 아티스트의 사회적 지위가 그 나름대로 확립되어 있기 때문입니다.

예술 작품에 흥미를 갖는 사람이 좀 더 늘어나면 그야말로 크리에이터의 가치와 필요성이 높아져 더욱 창조적인 영역에서 경쟁할 수 있는 나라가 될 것입니다.

"그림이 취미입니다."

"예술 작품을 수집하고 있습니다."

이렇게 말할 수 있다는 것이 얼마나 품위 있고 교양 있는지를 좀 더 많은 사람들이 알았으면 합니다.

그럼 실제로 처음 '원 룸, 원 아트'를 실천하려고 할 때 어떤 예술 작품을 선택하면 좋을까요? 예술 작품의 가격은 저가에서 고가까지 천차만별입니다. 따라서 앞에서도 말했지만 가격을 따지기보다는 그 집에 어울리는 것을 선택하도록 합시다.

먼저 초심자에게는 어떤 방이든지 쉽게 꾸밀 수 있는 것을 선택하는 방법을 추천합니다. 처음에는 흑백 사진 작품부터 시작하면 좋습니다. 해외의 흑백 사진 작품을 심플한 액자에 끼워서 장식해보세요. 그것만으로 공간의 인상이 확 달라집니다. 모노크롬, 모노톤은 어떤 공간에서든 지나치게 두드러지지 않아서 쉽게 어우러지므로, 사진이 아닌 그림이라 해도 처음에는 단색화를 선택하면 무난합니다. 이는 예술 작품을 연출하는 데 기본 중의 기본입니다.

또한 기본을 응용해서 크기가 같은 그림 두세 장을 일정한 간격과 높이로 나열해보면 훨씬 근사해 보입니다. 거기에 조명을 이용해서 스포트라이트를 비추기만 하면 순식간에 품격 있는 아트 갤러리로 변신합니다. 미술관이나 아트 갤러리는 비일상적인 공간입니다. 그런 비일상적인 공간을 일상적인 공간에 도입하면 훨씬 세련되어 보인다는 점을 알아둡시다.

리그나에서 연출한 인테리어와 예술 작품.

직접 찍은 사진
한 장의 효과

앞에서 흑백 사진 작품에 대해 말했는데, 사진은 굳이 돈을 주고 구입하지 않아도 자신이 직접 만들 수 있습니다. 요즘 시대에는 휴대전화로도 사진을 예쁘게 찍을 수 있으므로, 이렇게 찍은 사진을 흑백 처리한 뒤 문구점 등에서 판매하는 액자에 끼워 넣으면 그것만으로도 훌륭한 예술 작품이 완성됩니다. 특히 최근에 출시된 휴대전화는 고해상도의 이미지가 촬영·저장되기 때문에 이를 다양한 앱 등을 이용해 취향에 맞게 보정하기에도 좋습니다.

게다가 지금은 인터넷에서도 이미지를 무료로 얼마든지 모을 수 있는 시대입니다. 고화질의 이미지를 인쇄해서 액자에 끼워

넣기만 해도 예술 작품으로 손색이 없습니다.

대부분의 사람이 해외여행을 가면 반드시 사진을 찍습니다. 하지만 이상하게도 귀국한 후에 해외에서 찍어온 사진을 생활에서 사용하는 사람이 드물다고 생각하지 않습니까? 무슨 목적으로 사진을 찍었냐고 물어보면 "그냥 찍고 싶어서요", "예쁘니까요", "추억으로 남기려고 찍었습니다"라고 말하는데, 그렇게 열심히 찍은 사진을 나중에는 보거나 사용하지 않는 것은 어쩐지 아깝지 않습니까?

찍은 사진을 흑백으로 레이아웃만 하면 멋진 예술 작품을 완성할 수 있는데 참으로 안타깝습니다.

저는 여행을 할 때면 대체로 방에 장식할 것을 의식하면서 사진을 찍으려고 노력합니다. 전문적인 사진가는 아니기에 자신만의 감성이 묻어나는 사진으로도 충분히 만족합니다.

'왠지 예쁜데?'

'이 풍경 사진을 액자에 끼우면 멋있겠다.'

'이 장면을 집에 오는 손님에게도 보여주고 싶다.'

이런 감각으로 찍으면 됩니다.

행여 자신이 직접 만든 작품을 장식하는 것을 부끄러워할 필요는 없습니다. 특정 부유층 중에는 "이 그림은 누구누구 씨의 언제 적 작품이군"이라고 아는 척을 하며 예술 작품을 지식과 교양과 대화를 위해 즐기는 요소로만 생각하는 사람이 있습니다. 고급 와인을 오로지 사교를 위해 마시는 것과 같은 발상이지만, 일단은 그렇게까지 생각하지 않아도 됩니다. 좀 더 있는 모습 그대로, 자신의 감각으로 예술 작품을 즐기면 충분합니다. 고급 와인에 대해 이야기를 나누며 즐겨도 좋고, 자신이 직접 만든 상그리아를 자택에 초대한 손님과 함께 마시며 즐겨도 좋습니다. 둘 다 동등한 가치가 있습니다. 어느 쪽이 멋있다거나 어느 쪽이 품위 없는 것이 아닙니다.

친구를 집으로 초대해서 "사진 작품이 멋지네"라는 말을 들었을 때, "이 사진 내가 이탈리아에 갔을 때 찍은 거야"라고 대답하는 사람이 더욱더 늘어나길 바랍니다. 좋은 대화의 소재가 되기도 합니다.

'예술 작품은 자신이 직접 만들어도 된다.'

이 사고방식을 이해하면 '원 룸, 원 아트'라는 감각의 폭이 크게 확대됩니다.

이렇듯 예술 작품은 가격보다 감성이 중요합니다. 감성이 연마됨에 따라 생활의 질이 훨씬 더 향상되고 풍요로운 삶을 누릴 수 있을 것입니다.

분위기를 바꾸는
벽지 선택

어느 공간에서든 넓은 면적을 차지하는 부분이 가장 눈에 띕니다. 실내에서 면적이 가장 넓은 곳은 바로 '벽'입니다.

예를 들어 당신의 자택이 월세 아파트라면 이사할 때를 고려해서 벽지에 손대지 않고 원상태 그대로 깨끗하게 사용하려 할 것입니다. 그러나 사실은 이런 환경에 있는 사람들도 벽지를 좀 더 멋지고 효과적으로 활용할 수 있는 방법이 있습니다. 최근에는 기존의 벽지 위에 자신의 취향에 맞게 선택한 벽지를 붙이는 서비스를 제공하고 있습니다. 이사할 때나 그 벽지에 질렸을 때는 그냥 벗기기만 하면 원래의 벽지 상태로 되돌릴 수 있습니다.

그럼 구체적으로 어떤 벽지를 선택하고, 또 어느 벽에 바꿔 붙이면 좋을까요? 일단 벽지 전체를 바꿀 필요는 없습니다.

예컨대 거실이라면 가장 큰 소파 뒤에 있는 벽지 한 면만 바꾸거나, 침실이라면 침대의 헤드보드 뒤쪽에 있는 넓은 벽지 한 면만 바꾸는 방법이 좋습니다. 화장실의 막다른 벽도 멋진 벽지로 바꿔 붙이면 손님이 깜짝 놀랄 것입니다. 뜻밖의 장소에 노력을 쏟는 만큼 감동은 커집니다.

무늬는 본인의 취향이 크게 작용하지만, 최대한 자신이 안심할 수 있고 소재감이 있는 벽지를 선택하도록 합시다. 표면에서 '나무'나 '패브릭', 또는 유행하는 '프린트 무늬'처럼 소재감을 느낄 수 있는 벽지를 사용하면 무난합니다.

저희 집의 경우, 거실에는 나뭇결을 표현한 다크 브라운 색상의 벽지, 침실에는 패브릭 소재의 연회색 벽지와 남색 벽지, 화장실에는 책장 그림이 인쇄된 벽지를 붙였습니다.

새하얀 일반 벽지를 붙였을 때와 비교하면 공간 전체의 분위기가 극적으로 달라집니다.

벽지를 한 면만 달리 붙인 저자의 화장실.

컬러는 굳이
통일하지 않는다

제가 운영하는 리그나 매장에 가구를 보러 오는 손님 중에는 '문이 흰색이라서 소파도 흰색으로 고르고 싶다', '마루와 창호가 짙은 갈색이라서 가구도 짙은 갈색으로 통일하고 싶다'며 상담하는 경우가 많습니다. 전문가의 입장에서 말하자면 이는 아마추어의 발상입니다.

여러 가지 취향이나 색상 등이 서로 섞여야 비로소 멋진 인테리어 연출이라고 할 수 있습니다. 전부 같은 색으로 통일하면 심플하게 정리할 수는 있겠지만, 멋지게 완성된다고 할 수 있을지 의문스럽습니다. 1장에서 북유럽 가구는 원색 계통을 즐겨 사용한다고 설명했는데, 그 조합이 중요합니다.

하지만 보통은 어떤 색을 조합해야 할지 잘 모릅니다. 그럴 때는 전문 연출가와 상담합시다. 인테리어 연출에 관해서는 어려워하지 말고 주변의 인테리어 업체와 상담하는 것이 좋습니다. 가구는 결코 저렴한 물건이 아니므로 부담을 갖지 말고 계속 상담해서 더 좋은 품질의 색상으로 연출할 수 있는 센스를 연마하도록 합시다.

만일 이미 똑같은 색으로 통일했다면 포인트 컬러를 사용해서 세련된 공간을 꾸미도록 주의하기 바랍니다. 포인트 컬러란, 사용하지 않은 의외의 색을 한 군데에만 칠하는 것을 말합니다. 예를 들어 쿠션이나 조명, 의자 다리 하나 등 언제든지 무늬를 바꾸고 싶으면 쉽게 바꿀 수 있는 아이템을 포인트 컬러 아이템으로 활용합시다.

장인의 초밥 가게가
아름다운 이유

인테리어를 할 때 과도한 장식은 보기 싫은 쓸데없는 물건이 되어버립니다.

예술 작품을 장식하는 것과 쓸데없는 물건을 놓는 것은 서로 의미가 다릅니다. 이를테면 '이것은 예술 작품이다'라며 직소 퍼즐을 벽에 장식하는 행위는 바람직하지 않습니다. 보는 이로부터 공감대를 얻기 힘들기 때문입니다. 즉, 예술 작품과 장난감을 제대로 이해하지 못하면 안 된다는 뜻입니다.

'Less is more'라는 말이 있습니다. '적을수록 풍요롭다, 최소한이야말로 최고다' 등을 의미하는 말인데, 인테리어 역시 마찬가지입니다. 중심이 되는 장식물이 하나의 사진 작품이라면 다른 쓸데없는 물건을 덧붙여 장식하면 산만해집니다.

하지만 반대로 북유럽의 잡화점처럼 일부러 잡다한 느낌을 연출하는 경우도 있습니다. 저는 이런 연출 방법도 좋아하지만, 이 방법은 솔직히 말해 인테리어 초보자가 시도하려고 하면 실패하는 경우가 많습니다.

일단은 'Less is more'의 발상을 의식해야 합니다. 일본에서 Less is more의 대표적인 공간은 초밥 가게를 예로 들 수 있습니다. 초밥 가게의 장인은 자신이 사용하는 도마 위에 재료를 잘라서 준비해놓은 후, 초밥을 만들 때마다 도마 위를 행주로 깨끗하게 닦습니다. 재료를 올려놓은 유리 받침 위도 깨끗하게 닦고 재료 외에 아무것도 올려놓지 않습니다. 우리는 그 모습을 보고 아름답다고 느낍니다. 그야말로 Less is more입니다.

Less is more는 아름다움 그 자체입니다. 이 발상을 의식하도록 주의하면 생활의 질이 향상될 것입니다.

생활과 마음을 풍요롭게 하는 **공간 상식**

- '청결감'이 무엇보다 중요하다.
- 현관문을 열었을 때 가장 먼저 느껴지는 것은 그 집의 '냄새'다.
- 인테리어는 오감 전체에 영향을 준다.
- 북향집을 선택하자(고층에 한함).
- 예술 작품은 가격보다 그 방에 어울리는 것을 선택한다.
- 자신이 직접 만든 예술 작품을 장식하는 것은 결코 부끄러운 일이 아니다.
- 중심이 되는 물건 외에 쓸데없는 물건을 장식하지 않는다.

4장

꿈이 이루어지는 방은 무엇이 다른가

현관은 첫 번째 방이다

집에 들어갈 때 현관은 반드시 가장 먼저 마주하는 장소입니다. 흔히 '현관은 집의 얼굴'이라고 하는데, 덴마크에서는 현관에서부터 이미 손님의 마음을 사로잡도록 의식합니다.

이제부터 누구나 지금 당장 실천할 수 있는, 현관에서 손님의 호감을 받는 기술을 알려드리려고 합니다.

먼저 동서양의 주거 문화를 비교해보면 현관에 크게 다른 부분이 있습니다. 일부 동양권 나라는 '신발을 벗는 문화'를 가지고 있습니다. 이 책을 읽는 독자 대부분도 현관에서 신발을 벗을 것입니다. 그렇기 때문에 '손님을 배려하면서 자신의 가치를 더욱더 높일 수 있는' 방법이 있습니다. 그 배려란 '현관에 의자를 놓는 것'을 말합니다. 의외로 생각해본 사람도 있을 텐데 의미는 매우 간단합니다. 즉, 손님이 신발을 신거나 벗을 때 배려한다는 뜻입니다.

'의자를 놓을 공간이 없다'고 생각하는 사람도 있겠지만, 의자라고 해도 업무용의 커다란 의자가 있는가 하면 '스툴'이라고 불리는 높이가 낮고 네모난 소형 의자도 있습니다. 높이는 30cm 정도면 충분합니다. 사람이 쭈그리고 앉았을 때 신발 끈을 묶을 수 있는 높이면 됩니다. 구두를 신은 남성이나 부츠를 신은 여성이라면 누구나 선 채로 신발을 신거나 벗는 일에 어려움을 느낀 적이 있지 않습니까? 현관에 작은 의자 하나를 놓기만 하면 그 고민이 해소됩니다.

일전에 한 세미나에서 "당신은 현관에 의자를 갖다 놓았습니까?"라고 물었을 때 어느 참석자가 "현관은 이미 신발들로 어질러져 있어서 의자를 놓을 공간이 없어요" 하고 답한 적이 있습니다. 그렇다면 우선적으로 신발을 꼭 필요한 만큼만 꺼내놓고 공간을 만들어 작은 의자라도 놓아봅시다.

옛날 가옥에서는 이런 고민을 할 필요가 없었습니다. 대부분의 주택이 독채였기에 현관에 마루가 있었습니다. 그곳에 걸터

앉아서 신발을 신고 벗을 수 있었습니다. 옛날 드라마나 영화 등에서도 현관 마루에 걸터앉아 신발을 신고 벗는 장면을 본 사람이 있으리라 생각합니다.

그런데 지금의 주택은 아파트가 주를 이룹니다. 또 고령자나 장애인을 고려해 문틀을 점점 제거함에 따라 서구형으로 바뀌어서 바닥재를 깔기 시작했습니다. 바닥의 높낮이 차가 없어야 좋다고 여기는 시대가 된 것입니다.

하지만 냉정하게 생각해보면 조금 이상하지 않습니까? 바닥의 높낮이 차가 없는 서구형 주택은 신발을 벗지 않는 것을 전제로 해서 만들어졌습니다. 일본이나 한국은 신발을 벗는 문화인데도 높낮이 차가 없는 서구형 주택이 늘어나고 있습니다. 전체적으로는 서구화가 진행되더라도 부분적으로 서구화하지 않아서 쾌적해야 할 것이 오히려 불편해지는 등 이런 모순이 요즘의 주택에서 빈번하게 일어나고 있는 실정입니다.

옛날에 지은 주택에서 현관 마루에 앉아 신발을 벗은 경험이 있는 사람이 많을 텐데, 과연 지금의 도심에 있는 아파트에서도 가능할까요? 의자를 놓으면 가능합니다. 이 방법도 사실은 맹점이라서 인테리어에 종사하는 전문가들조차 의자까지는 좀처럼 생각하지 못합니다.

무엇보다 사람의 생활 및 행동 패턴을 근거로 한 레이아웃이 만들어졌는지 중요합니다. 편리함과 쾌적함으로 이어지는 요소를 확실히 준비해놓아야 손님의 마음을 사로잡을 수 있습니다.

앞에서 인테리어는 타인을 행복하게 한다고 설명했는데, 최종적으로 타인의 만족은 자기만족으로 이어집니다.

남을 기쁘게 하면 자신이 행복해진다.

이는 인테리어뿐만 아니라 비즈니스를 비롯한 모든 상황에 통하지 않을까요?

현관은 집의 입구이자 출구이기 때문에 누구나 반드시 지나는 장소입니다. 이 현관이라는 장소를 늘 깨끗이 하고 쾌적하게 하면 집 안 전체의 질이 크게 향상됩니다. 현관도 하나의 방이라는 마음으로 손님을 접대합시다.

의자를 갖다 놓았습니까?
구둣주걱이 있습니까?
우산꽂이는 준비되어 있습니까?

현관에도 예술 작품을 장식했습니까?

'현관은 첫 번째 방이다.'
이 접대 의식이 당신의 공간에 변화를 일으킵니다.

저자의 집 현관.

식물은 깔끔한
화분 안에서 키우자

집에 돌아와 편히 쉬거나 손님을 초대해서 일단 들어오게 하는 장소가 거실인 경우가 많지 않습니까?

소파에 앉아서 TV를 보거나 카펫 위에 드러눕는 등 거실에서 시간을 보내는 방법은 사람마다 다릅니다. 그렇지만 공통점은 오랜 시간을 보내는 공간이라는 점입니다. 따라서 그만큼 '힐링'이라는 요소가 중요합니다.

자신의 방에 누군가를 들이는 경우도 그렇지만, 예컨대 다른 사람의 집에 초대받았을 때 처음에는 적어도 긴장하기 마련입니다. 그런 사소한 긴장감을 풀어주는 요소가 있습니다. 바로 '그린green' 즉, '식물'입니다. 식물이 있느냐 없느냐에 따라 방에서 느끼는 힐링 이미지가 달라집니다. 그래서 저는 고객의 집을 인테리어 디자인할 때 각 방마다 식물을 반드시 넣습니다.

그렇게 하면 주택일 경우에는 상관없지만, 음식점일 경우 벌레가 들끓는다고 걱정하는 사람이 있습니다. 그럴 때는 벌레가 생길 염려가 없는 인조 식물을 놓아도 좋습니다. 반드시 진짜여야 할 필요는 없습니다.

자주 들어본 말이겠지만 식물은 시각적으로 사람의 마음을 안정시키는 효과가 있다고 합니다. 생각해보면 예로부터 인간은 자연과 공존해온 동물이므로 식물을 보면 마음이 차분해진다는 말에도 일리가 있습니다. 옛날에는 인간과 자연이 당연하게 공존해왔지만 오늘날, 특히 도심부에서는 그런 환경이 사라졌습니다.

즉, 사람은 잠재적으로 식물을 바란다고 말할 수 있지 않을까요? 그렇다면 무엇부터 행동해야 좋을까요? 처음에는 간단하게 시작합시다. 우선 근처에 있는 원예센터 등에 가서 관엽식물을 구입해 집에 놓아봅시다. 그렇게만 해도 식물이 전혀 없는 것보다 공간으로서의 질이 향상됩니다.

그런데 식물을 놓는 더 좋은 방법이 있습니다. 그것은 바로

'화분을 고집하는' 것입니다. 관엽식물은 원예센터 등에서 구입하면 대체로 플라스틱 화분에 심어져 있습니다. 인테리어 전문가의 시점에서 말하자면 이를 그대로 집에 놓기만 해서는 30점에 불과합니다.

화분은 별도로 구입합시다. 이는 인테리어용 식물을 놓는 데 가장 중요한 점이며, 공간을 꾸미는 센스가 드러나는 부분이기도 합니다. 마트 등에 가 보면 화분만 판매합니다. 식물을 분갈이하라는 말이 아닙니다. 기존의 플라스틱 용기에 들어 있는 처음 상태 그대로 화분 안에 넣을 수 있기만 하면 됩니다. 그렇게 하느냐 마느냐로 큰 차이가 생깁니다.

관엽식물을 집에서 키운다는 사람은 많지만 화분까지 의식하는 사람은 적지 않을까요? 절대로 어렵지 않습니다. 고가의 화분을 구입할 필요도 없습니다. 몇 천 엔짜리 화분도 판매하고 있으니 돈은 많이 들지 않습니다. 그저 그 수고를 들이는 것이 중요하다는 뜻입니다. 식물을 시장에서 사온 상태 그대로 놓으면 안 됩니다. 출하 시의 상태 그대로 놓는다는 것은 옷을 구입해서 비닐 안에 포장된 상태로 두는 것과 같습니다.

식물도 깔끔하게 옷을 입혀줍시다. 그 정도로 신경을 쓸 수 있느냐 없느냐가 인테리어 기술의 하나입니다.

의식하는 사람한테는 당연한 일이지만, 아직 대부분의 사람이 당연하다고 인지하지 못하는 것이 실정입니다.

방에 놓기 위한 상태로 만들어야 비로소 인테리어용 식물이 된다는 점을 의식합시다.

인테리어용 식물에는 화분을 신경 쓴다.

러그는 방바닥 생활을
즐겁게 한다

거실에는 소파를 놓은 가정이 흔할 것입니다.

하지만 저는 일본과 해외의 주택을 많이 둘러보며 일본인이 소파에 앉는 것이 어울리지 않는 민족이라고 느낀 적이 많습니다. 구체적으로 말하면 일본인은 신발을 벗고 집에 들어가 바닥에 앉는 것을 좋아하기 때문입니다. 물론 소파는 앉아서 편히 쉬거나 누워서 자는 등 거실의 힐링 요소로서 중요한 아이템 중 하나입니다. 당신도 손님을 집에 초대하면 대체로 일단 소파에 앉게 하지 않습니까? 정반대되는 입장의 경우도 마찬가지입니다.

그렇지만 잠시 앉아 있다 보면 자기도 모르게 소파에서 내려와 바닥에 앉을 때도 많지 않습니까? 대부분의 독자들이 '나도 그렇다'고 문득 깨달을지도 모릅니다. 이는 일본인을 비롯한 일부 동양인의 특징이며, 유럽 사람들은 절대로 그렇게 하지 않습니다.

일본인은 무슨 이유인지 바닥과 가까운 곳을 좋아합니다. 일본인의 민족성과도 관계가 있다고 생각합니다. 일본인은 예로부터 바닥에서 생활해온 인종이며, 이불을 바닥에 깔고 자는 민족입니다. 최근 들어 서구화가 진행되었다고는 해도 그 속에서 고유의 특징이 나타나는 것은 당연한 일입니다.

그러므로 동양인에게는 소파도 중요하지만 그보다 '바닥을 쾌적하게 하는' 것이 훨씬 더 중요합니다. 그래서 저는 항상 카펫과 함께 '러그'를 까는 것을 추천합니다. 러그란 부분적으로 사용하는 미니 카펫으로, 크기는 최고 1.5평 정도입니다. 러그를 깔아놓으면 바닥에서 쉬는 것이 더욱더 쾌적해집니다. 또한 러그는 바닥에 놓는 원 포인트 예술 작품이 되기도 합니다.

저는 가구 인테리어 회사를 경영하고 있기에 가구도 물론 중요하지만, 바닥에도 흥미를 가져야 남을 대접할 수 있다는 생각을 늘 의식하고 있습니다. 소파 위는 깨끗하게 하지만 바닥까지는 주의가 미치지 않는 사람이 많지 않습니까?

아직까지 동양인은 즐겁고 행복한 기분이 이어지면 바닥에 앉습니다. 음식점에 가도 식탁과 의자, 방으로 된 자리가 있을 때 '좀 더 편하게 방으로 가자'고 하는 사람이 있습니다. 이처럼 방 바닥에서 좀 더 편안함을 느끼는 사람도 있는 것입니다.

집을 꾸밀 때는 무작정 멋져 보이는 서양의 무엇을 따라하는 것이 아니라 진정한 쾌적함을 고려해서 가구를 선택합시다.

바닥을 쾌적하게 만든 저자의 집.

호텔 방은 왜 카펫을 고집할까?

신발을 벗는 문화를 가진 동양권 사람들은 바닥에서 시간을 보낼 때 쾌적함을 느낍니다.

반면 유럽 사람들은 신발을 신고 입식 생활을 하므로 바닥에 앉지 않습니다.

저는 이 중에서 '신발을 벗는 습관'이 더 좋다고 생각합니다. 다리의 혈액순환을 원활하게 하고 무좀을 예방한다는 의미에서 건강 면으로나 위생 면으로도 확실히 좋습니다. 여러 의미에서 신발을 벗는다는 것은 훌륭한 문화입니다. 따라서 그 문화를 최대한 활용할 수 있는 접대를 고려해야 합니다.

동양인에 맞게 단순하고 아늑한 방을 목표로 한다면 될 수 있는 한 모든 아이템을 낮은 위치에 놓고 바닥에서의 생활을 고려하면서 방을 꾸며야 합니다. 소파는 최대한 좌면이 낮은 것을 선택하고, 러그는 깨끗한 무늬를 깔도록 합시다.

구체적인 조언은 많이 있지만 저는 무엇보다도 '고급 바닥재보다 카펫을 깔자'고 추천합니다. 그러나 합리적인 성격의 사람은 바닥재 그 자체를 좋아합니다.

타일이나 바닥재를 까는 것을 선호하는 이유 중에는 '세련되어 보여서', '멋있으니까'보다 '청소할 때 편해서'라는 이유가 상위권을 차지합니다. 와인을 쏟아도 쉽게 닦아낼 수 있으니까요.

현재 대부분의 일본 주택에 바닥재가 깔려 있는 것은 합리화를 추구한 결과입니다. 바닥재는 청소하기 쉽고 먼지가 잘 쌓이지 않으며 진드기도 생기지 않습니다.

하지만 저는 이 사고방식이 '행복하고 쾌적한 공간 만들기'라는 관점에서 보면 어긋난다고 생각합니다.

저희 집의 경우에는 모든 방에 카펫이 깔려 있으며 바닥재가 노출된 장소는 복도뿐입니다. 그래도 청소나 먼지, 진드기로 곤란한 적은 한번도 없습니다. 오히려 카펫을 깔아서 부지런히 청소하는 방이 훨씬 쾌적합니다. 확실히 청소하면 먼지가 쌓이거나 진드기가 생기지 않습니다.

"호텔 같은 집에서 살고 싶다."

이렇게 말하는 사람을 많이 만났는데, 잘 생각해보기 바랍니다. 손님이 쾌적하게 지내기를 추구한 결과물이 바로 호텔입니다.

그런 호텔에서 바닥재를 깐 룸을 한번이라도 본 적이 있습니까?

의외로 중요한
벽걸이 시계

방에 장식하는 시계의 선택은 좀처럼 신경을 쓰지 못하는 경우가 많습니다. 당신의 방은 거는 시계를 고집합니까?

저는 가구 회사를 운영하면서 'RUKE&C'라는 인테리어 시계 브랜드도 가지고 있습니다. 그만큼 인테리어와 시계의 관계성은 중요합니다. 이 책을 읽는 독자들도 행복하고 쾌적한 공간을 만드는 방법을 당장 실천하기 바라므로 신속하게 설명하겠습니다.

방 만들기와 관련된 서적에서 "이사하세요"라고 해도 좀처럼 행동에 옮길 수 없지만, 시계를 바꾸는 정도라면 지금 당장 실천할 수 있을 것입니다. 물론 고가의 제품이 아니어도 전혀 상관없습니다.

3장에서 '오감'에 관해 이야기했는데, 시계를 오감으로 말하면 무엇에 해당될까요? 당연히 시각입니다. 왜 시계가 그토록 중요할까요?

'누구나 반드시 보는 것이라서'라는 이유뿐만 아니라, 시계는 '사람의 시선 높이에 놓는 물건'이기 때문입니다. 걸어서 방에 들어갔을 때 자신의 시선과 똑같은 높이에 있는 물건이 바로 시계입니다. 방에 들어가 먼저 그곳에 시선을 돌렸을 때 부서져서 너덜너덜한 시계가 장식되어 있다면 어떨까요? 실제로 방에 장식하는 시계에 그렇게까지 집착하는 사람이 현재까지는 적습니다. 방을 꾸미는 동안 대부분의 사람이 시계라는 아이템을 후반에 선택하지 않습니까?

바꿔 말하자면 많은 사람들이 '집착할 만한 세련된 시계'라는 존재를 낯설어 한다는 뜻입니다. 그러나 시계가 세련되어 보이기만 해도 훨씬 더 좋은 공간으로 변화합니다.

시계가 중요한 또 하나의 이유는 '목적을 갖고 보는 물건'이라는 점입니다. 목적 없이 보는 것과 목적을 갖고 보는 것은 시각으로부터의 전달력이 전혀 다릅니다.

이를테면 테이블은 식사할 때 반드시 눈에 들어오는 물건이지만, 목적을 갖고 테이블만 볼 기회는 별로 많지 않습니다.

그에 비해 시계는 매번 목적을 갖고 봅니다. 방에 들어갔을 때 시선에 닿고, 또 목적을 갖고 보기 때문에 시계를 신경 써야 합니다. 가장 먼저 그 공간의 센스와 감성을 대변해주는 아이템이니까요.

시계 선택을 미루는 사람이 많을 텐데 사실은 가장 먼저 선택해도 좋을 만큼 중요합니다. 자, 지금 당장 방의 시계를 다시 점검해봅시다.

리그나의 오리지널 디자인 시계 'RUKE&C'.

침실을 힐링 공간으로
만드는 3가지 물건

성인의 평균 수면 시간은 대략 7~8시간이라고 합니다. 다시 말해 하루 24시간 중에 3분의 1을 침대 위에 누워서 지낸다는 뜻입니다. 그만큼 침실은 다른 방보다 더 많이 신경 써서 꾸며야 합니다.

먼저 침실에서는 침대도 중요하지만 그보다 매트리스가 훨씬 더 중요합니다. 몸에 직접 닿는 부분은 침대 프레임이 아니라 매트리스이기 때문입니다. 인생의 3분의 1을 보내는 매트리스를 대충 고른다는 것은 인생의 3분의 1을 버리는 것이나 마찬가지입니다.

사람의 몸은 생각보다 예민하게 만들어져 있어서 매트리스

하나로 피로가 풀리는 정도가 현저히 달라집니다. 아침에 일어났을 때 좋은 매트리스와 나쁜 매트리스를 비교해보면 전날의 피로가 풀린 정도가 완전히 다릅니다.

매트리스는 쾌적한 하루를 시작할 때 하루 분량의 힘을 충전하는 장소로 중요합니다. 침실의 매트리스를 선택할 때는 반드시 침구점이나 인테리어 매장에 가서 실제로 누워보고 전문가가 좋다고 추천하는 제품을 구입하도록 합시다.

저는 가구 회사를 운영하는 사람으로서 소파는 적당히 고르는 한이 있어도 매트리스만큼은 절대로 대충 고르지 말라고 늘 신신당부합니다. 머무르는 시간이 다르기 때문입니다. 앞에서 말한 시계와 마찬가지로 매트리스를 선택할 때도 뒤로 미루기 쉽습니다. 침대를 구입할 때 세트로 따라오는 매트리스로 해결하는 사람이 허다합니다.

하지만 그것은 잘못된 행동입니다. 침대 프레임이 주인공이 아니니까요. 휴대전화를 충전할 때도 값싼 충전기는 좀처럼 빨리 충전되지 않습니다. 물론 저렴해도 품질이 좋고 나에게 잘 맞는 매트리스가 있겠지만, 당신의 몸을 소중히 생각해서 최적의 매트리스를 선택하도록 합시다.

그 밖에도 침실을 꾸밀 때 신경 써야 할 몇 가지 요소를 소개하겠습니다. 침실은 모든 공간 중에 휴식을 가장 많이 제공하는 공간임을 생각합시다. 잠을 자는 것을 비롯해서 하루의 시작을 맞이하는 장소이기도 하기 때문입니다. 하루의 처음을 알리는 순간에 산뜻한 느낌이 없으면 아침에 일어났을 때 갑자기 환상이 깨지지 않습니까? 아침에 일어난 순간의 기분은 아주 중요하므로, 눈을 떴을 때 침실에 힐링 요소가 있어야 하루를 상쾌하게 시작할 수 있습니다.

침실을 좀 더 나은 힐링 공간으로 만들려면 몇 가지 아이템이 필요합니다.

① 식물
② 아로마 오일
③ 조명

바로 이 세 가지입니다. 식물의 중요성은 앞에서 설명한 내용과 같습니다.

아로마 오일을 사용해 수면을 방해하지 않을 정도로 부드러운 향을 방에 피워놓읍시다. 좋은 향기는 사람을 치유해줍니다.

구체적으로는 긴장을 푸는 데 효과가 높은 라벤다나 샌들우드(백단향)의 향이 좋습니다.

조명은 이제 어디에서나 판매하고 있으므로 부드러운 불빛의 간접 조명을 사용하면 힐링에 매우 도움이 될 것입니다.

'기분 좋게 아침을 맞이하자'라는 콘셉트를 바탕으로 침실을 꾸며야 합니다. 그러므로 식물, 아로마 오일, 조명을 꼭 갖춰놓읍시다.

부가적인 기술 중 하나로서 천장을 효과적으로 활용합시다. 천장은 잘 때 반드시 봅니다. 천장이 아름다우면 침실에서 기분 좋게 지낼 수 있습니다.

제가 추천하는 제품은 홈 플라네타륨home planetarium입니다. 플라네타륨이란, 반구형 모양의 기계로 천장 등을 향해 달, 태양, 행성 따위의 천체를 투영하는 장치입니다. 가정용 소형 플라네타륨은 잡화점 등에서 판매하고 있습니다. 가격도 몇 천에서 몇만 엔 정도까지 다양하며 비싼 제품만 있는 것도 아닙니다. 어두운 방 안에서 작동하면 천체가 아름답게 회전하여 진짜 별이 뜬 밤하늘처럼 천장을 비춥니다. 내부분의 사람들이 잘 때는 불을 끄기에 공간을 효과적으로 활용하는 의미에서 하나의 기술로 알

려드렸습니다.

  사소할 수도 있지만 이런 물건을 도입하는 것만으로도 생활이 지금보다 더 풍요로워집니다.

침실은 최고의 힐링 공간으로 꾸미자(저자의 집).

건강한 사람은
주방이 아름답다

집을 꾸밀 때 여러 가지로 번잡해지기 쉬운 공간이 바로 주방입니다. 당신의 주방도 온갖 조리 기구나 조미료 등이 여기저기 어질러져 있는 경우가 많지 않습니까?

북유럽식 주방은 굉장히 심플하고 쓸데없는 물건이 없어서 깔끔해 보입니다. 인테리어라는 관점에서 말하자면 확실히 주방도 정리가 잘되어 있어야 훨씬 더 보기에 좋습니다.

저는 수많은 주방을 봐오면서 '건강한 사람은 주방이 아름답다'는 점을 느꼈습니다.

아니, 반대로 '주방을 깨끗이 하면 건강해진다'고 해도 좋습니다. 주방이 멋진 사람들은 공통적으로 패키지 등의 외관이 아름다운 유기농 올리브 오일이나 무첨가 조미료를 진열해놓습니다. 주방의 멋진 분위기에 신경을 쓰기 시작하면 점점 인체에 유해한 화학제품은 구입하지 않습니다. 이는 주방의 보기 좋은 모습 덕에 건강해진다는 좋은 사례가 아닐까요?

저 역시 요리의 달인이라고 할 정도는 아니지만 오일 중 식용유는 쓰지 않습니다. 볶음을 할 때는 되도록 코코넛 오일이나 유기농 올리브 오일을 사용합니다.

잠시 이야기가 옆길로 샜는데, 요컨대 인테리어라는 관점에서 주방을 고려했을 때 주방에 놓는 재료의 비주얼을 신경 쓰기 시작하면 정말로 몸에 좋은 소재와 조미료가 모인다는 말입니다. 실제로 해외 유기농 조미료 중에는 패키지 디자인에 꼼꼼하게 공들인 제품도 많습니다.

'멋있으니까 주방에 진열해보고 싶다.'

이런 동기로 주방을 만들어도 좋습니다.

그렇게 생각하면 저렴하게 판매하는 일반 식용유는 진열하고 싶지 않을 것입니다. 해외의 유기농 엑스트라 버진 오일병이 아무렇게나 놓여 있는 모습도 인테리어라고 보기 어렵습니다.

　자신의 내면에 존재하는 주방에 관한 상식을 시각부터 서서히 바꿔서 의식적으로 몸에 좋은 것만 진열하는 상태를 만드는 것이 이상적입니다. 아마 주방에서 늘 눈에 보이고, 또 상비하는 물건은 조미료가 태반일 것입니다. 채소나 고기는 필요한 때마다 구입하지만 날마다 사용하는 것은 조미료입니다. 그 점을 최대한 세련되어 보이게 해서 멋진 조미료를 진열합시다.

　그러면 어느 순간 당신도 건강해질 것입니다.

주방을 깨끗이 하면 건강해진다.

감동을 주는
화장실의 조건

3장에서 '청결감'이라는 단어가 등장했는데 그 청결감이 가장 잘 나타나는 공간이 있습니다. 바로 화장실입니다.

화장실이 지저분한 집은 불결함이 드러납니다. 아무리 집을 깨끗하게 치워도 화장실이 물때로 끈적끈적하고 온갖 잡동사니가 굴러다니면 그것만으로 순식간에 부정적인 인상을 줍니다. 극단적으로 말하면 집은 조금 어질러져 있어도 상관없으니 화장실만은 깨끗하게 해놓아야 합니다. 즉, 청결과 불결의 차이가 가장 크게 나타나는 곳이 화장실이라는 뜻입니다.

화장실은 사람을 쾌적하게 하느냐, 불쾌하게 하느냐로 크게 구별되는 공간이기에 반갑게 맞이해 정성껏 대접하는 '환대'의 정신이 중요합니다. 우선 화장실은 항상 깨끗하게 청소해놓는 것이 대전제지만, 그 밖에도 환대 포인트를 몇 가지 소개하겠습니다.

예를 들어 남의 집에 방문했을 때 손을 씻으러 화장실에 간다고 합시다.

첫 번째 포인트는 그곳에서 어떤 물건이 중요할지를 생각하는 것입니다. 당연히 그 물건은 '수건'입니다. 따라서 청결한 수건을 준비해놓아야 합니다. 너덜너덜하고 축축한 수건이라면 손을 닦고 싶지 않겠지요? 뽀송뽀송하고 청결한 수건을 걸어놓도록 합시다. 당연하다고 여기겠지만 의외로 신경 쓰지 못하는 사람이 많습니다.

또 다른 포인트는 '핸드 워시 hand wash'입니다. 당신은 화장실에 어떤 핸드 워시를 비치해놓았습니까? 싸구려 비누를 놓지는 않았습니까? 여기에 인기가 높은 '몰튼 브라운 MOLTON BROWN'이나 '록시땅 L'OCCITANE' 등 해외 브랜드의 펌프식 핸드 워시가 놓여 있다면 어떨까요? 그것만으로 손님은 '이 사람은 세세한 부분까지 배려할 줄 아는구나'라고 느낍니다.

비누를 놓으면 안 된다는 말은 아니지만 여러 사람이 만지는 고형 비누보다 펌프식의 핸드 워시가 훨씬 더 청결하다는 점은 확실합니다.

'그런 부분까지 일일이 신경 쓸 수 없습니다'라고 불평하는 사람도 있겠지만, 어차피 핸드 워시라서 유명 브랜드의 제품이라 해도 그다지 비싸지 않습니다. 게다가 핸드 워시는 다 써서 없어질 때까지 시간이 걸리므로 비용 대비 효과가 좋은 아이템입니다. 인기 있는 브랜드는 알아놓아도 손해보는 일이 없습니다. 구체적으로 예를 들면 프랑스의 '록시땅', 영국의 '몰튼 브라운', 미국의 사봉^{Sabon} 등은 품질이 훌륭합니다.

또 다른 포인트는 핸드크림입니다. 핸드크림도 중요한 아이템입니다. 손이 건조한 사람을 위해 핸드크림을 비치해놓는 것이야말로 진정한 환대입니다. 더구나 이 고급 호텔 못지않은 환대는 한 개에 몇 백 혹은 몇 천 엔 정도면 충분히 가능합니다.

이런 방법은 지금 당장 실천할 수 있는데도 대부분의 사람들이 신경을 쓰지 않습니다. 화장실이라는 장소에 약간의 돈과 노력을 들이기만 해도 집에 대한 인상은 완전히 달라집니다.

수납만 잘해도
스트레스가 줄어든다

풍요롭게 생활하기 위해서 공간의 사용 방법을 고려할 때 '수납'은 단연 큰 문제가 되는 부분입니다. 물건을 버리지 못하거나 수납하기 어렵다고 고민한 끝에 방 하나 전체를 창고로 사용하는 사람이 의외로 많습니다. 정리되어 있지 않은 창고는 커다란 스트레스로 다가와서 풍요롭고 품격 있는 생활을 누린다는 사고방식과 정반대의 입장에 있습니다. 그런 창고 방의 스트레스를 해소하는 수단으로 수납을 잘 활용해야 합니다.

덴마크인은 수납을 잘합니다. 여기서 덴마크인의 수납 기술을 참고하면서 포인트를 명확하게 설명하겠습니다.

지금 바로 실천할 수 있는 사고방식으로 '눈에 보이지 않는 장소에는 일단 가득 채워 넣지만 그 안에서 질서를 유지한다'는 것이 중요합니다. 조금 난폭한 표현으로 들릴 수 있겠지만, 사람은 어수선하게 어질러져 있는 상황이 눈에 보이면 스트레스를 느낍니다. 그러므로 벽장 등의 수납공간 속에 마트 등에서 판매하는 수납 박스를 넣어서 사용하는 방법이 실용적입니다. 요컨대 공간을 효과적으로 활용하는 것입니다.
　'수납하기 위한 공간'을 작게 나눠 많이 만들어서 일단 그곳에 가득 채워 넣습니다.

　눈에 보이는 장소에 수납할 경우라면 반드시 필요한 기준이 있습니다. 바로 '다른 사람에게 보여줘도 괜찮은 세련된 물건'입니다. 이 물건을 옷걸이에 걸거나 아무렇게나 접어서 올려놓기만 하면 됩니다. 양복이나 데님이 옷걸이에 되는대로 걸려 있을 뿐인데도 왠지 세련되어 보인 적이 있지 않습니까? 눈에 보이는 장소에 놓는 물건은 전부 인테리어로 생각합시다.

　최근 일본에서는 '단샤리(斷捨離, 불필요한 것을 끊고 버리고 집착에서 벗어나는 것을 지향하는 정리법 – 옮긴이)'라는 말이 유행하고 있는데 이 사고방식도 받아들여야 합니다. 1년 동안 만진 적이 없는 물건은 앞으로도 사용할 일이 없을 테니까요. 이렇듯 수납할 물건 자체를 줄이는 작업도 매우 중요합니다.

발코니 활용으로
방의 깊이를 확대한다

덴마크인을 포함해 해외, 특히 유럽 사람들은 실외에서 지내는 시간을 중요시합니다. 프랑스나 이탈리아 역시 테라스와 발코니에서 식사를 하거나 사전 협의를 할 기회가 많습니다.

또 집뿐만 아니라 레스토랑에 가 봐도 대부분의 가게가 테라스 좌석을 마련해놓고 있습니다. 그만큼 실외의 중요성이 높다는 뜻입니다.

실제로 일본에도 예로부터 테라스 문화가 존재했습니다. 바로 '툇마루'라는 발상입니다. 툇마루는 실내이기도 하고 실외이기도 합니다. 좋은 의미에서 어중간하며 칸의 구분이 없는 공간입니다.

현재 레스토랑에 있는 테라스도 실외이기는 하지만 레스토랑 안에 속한 공간입니다. 그런 절묘한 공간을 활용하는 방법에 따라 생활의 질을 한층 더 향상시킬 수 있습니다.

최근에는 동양의 아파트에도 대체로 크기는 각각 다르지만 베란다나 발코니를 갖추고 있습니다. 그러나 그곳을 멋지게 활용하려고 하는 사람은 적습니다. 기분 나쁜 표현일 수 있는데 단순히 빨래를 말리는 장소로 사용하며 청소도 하지 않고 피난 경로 정도로만 생각하는 사람이 있을 정도입니다.

그럼 어떻게 해야 발코니를 효과적으로 활용할 수 있을까요? 발코니를 그냥 내버려두었다면 우선 청소부터 시작합시다. 그런 다음 실외용 식물과 작은 테이블과 의자를 놓기만 해도 깜짝 놀랄 만큼 공간의 이미지가 확 달라집니다.

저희 집의 경우에는 발코니 전체에 우드 덱을 깔았습니다. 월세 아파트에 산다 해도 나중에 분리가 가능한 타입의 우드 덱을 많이 판매하고 있으니 시도해봐도 좋을 것입니다.

커튼을 열어서 보이는 곳까지 전부 자신이 생활하는 공간이자 방입니다. 요즘은 거실이나 침실에서 발코니가 보이는 집도 많은 편입니다. 눈에 보이는 부분까지 전부 방이라고 생각해보면 발코니도 소홀히 하면 안 된다는 사실을 알 수 있겠지요?

발코니 공간에 식물이나 의자와 테이블을 놓는 것만으로도 단순한 창문에서 방의 깊이를 더욱 확대시키는 공간으로 변신합니다.

그만큼 방도 넓게 느껴지고 밖에서 지내는 시간을 소중히 해서 호화스러운 기분을 느낄 수 있습니다. 그런 이유로 저는 발코니를 굉장히 중요시합니다.

덴마크인도 마찬가지입니다. 그들은 집을 구할 때 발코니의 유무를 매우 중요하게 생각합니다.

지붕이 딸린 넓은 발코니가 있는 집에 살면서 아무것도 하지 않는 사람을 보면 매우 안타깝습니다.

발코니는 공간과 생활을 풍요롭게 하는 힌트입니다. 지금이야말로 과거의 툇마루 문화를 생각해야 하지 않을까요?

요즘은 툇마루가 있는 집이 줄었지만 그래도 발코니나 테라스처럼 실외이자 실내인 공간은 소중한 장소입니다. 풍경과 자신이 있는 장소가 하나의 공간이 되므로 별로 사치스럽지 않습니다.

발코니를 단순한 베란다로 인식하지 말고 하나의 방으로 생각합시다. 그런 사고방식으로 전환했을 때, 그 공간의 가치가 순식간에 올라갑니다.

집의 내부에만 정신을 팔면 안 됩니다. 창문에서 보이는 먼 풍경도 자신의 개인적인 공간으로 만들어봅시다.

생활과 마음을 풍요롭게 하는 **공간 상식**

- 현관에서 손님을 환대하는 일을 소홀히 하지 않는다.
- 관엽식물에는 반드시 '화분'을 고집한다.
- 바닥에 러그를 깔아본다.
- 바닥재보다 카펫을 깔자.
- 시계는 '목적을 갖고 보는 물건'이다.
- 매트리스를 적당히 고른다는 것은 인생의 3분의 1을 버리는 것과 같다.
- 건강한 사람은 주방이 아름답다.
- 핸드 워시는 비용 대비 효과가 좋은 인테리어 아이템이다.
- 발코니도 하나의 방이다.

5장
인생의 질은 공간이 좌우한다

삶을 바꾸는
가장 빠른 방법

  4장에서는 각 방을 꾸민다는 관점에서 구체적인 공간 만들기에 대해 이야기했는데 어떠셨습니까? 지금까지는 의식해서 당장 행동에 옮길 수 있는 부분을 중심으로 설명했습니다.

  왜 그렇게 했을까요? 독자가 이 책을 읽자마자 행동에 옮기기를 바랐기 때문입니다. 세상에는 수많은 자기계발서가 나와 있지만 몇 권을 읽어봐도 인생이 달라지지 않는다고 느끼는 사람이 있을 것입니다. 그 이유는 무엇일까요? 행동에 옮기지 않기 때문입니다. 아무리 좋은 정보를 얻어도 실제로 실천할 수 없는 탓에 인생이 달라지지 않습니다. 하지만 인테리어라면 당장 행동에 옮길 수 있습니다.

당신이 자신의 방에서 지내는 시간은 하루에 몇 시간 정도입니까? 여덟 시간을 방에서 지낸다고 할 경우, 그곳에 변화가 일어나면 생활이 달라집니다. 그리고 생활의 일부가 달라진다는 것은 인생이 바뀐다는 뜻입니다.

저는 인테리어를 통해서 당신의 인생에 변화를 주고 싶습니다. 공간을 바꾸는 행위가 인생을 바꾸는 가장 빠른 방법이라고 진심으로 믿고 있습니다.

왜 카페에서 일을 하면
잘될까?

이 책을 읽는 대부분의 독자들은 아마 일을 하고 있겠지요? 직장인도 있는가 하면 경영자, 공무원도 있을 것입니다. 업무 내용은 사람마다 다르겠지만 공통적으로 중요한 것이 하나 있습니다. 바로 '일하는 장소', '일하는 공간'입니다.

당신은 사무실에서 일하다가 집중할 수 없을 때 잠시 숨을 돌릴 겸 카페에서 일했더니 매우 잘된 적이 없습니까? 일하는 장소만 바꿔도 실제로 많은 사람들이 무의식중에 업무의 질이 향상되는 경험을 합니다. 이런 사고방식에서 저는 '직장을 카페처럼 만들자'고 주장하고 있습니다. 저는 늘 사무실이 사무실다울 필요가 전혀 없다고 느꼈습니다.

   2차 세계대전이 끝난 후 일본은 오로지 합리화만을 추구하며 사람들을 더욱 비좁은 공간에 몰아넣어서 모두가 똑같은 일을 일제히 처리했습니다. 하지만 지금은 좀 더 창조적으로 '쓸데없는 공간'을 활용해서 개개인의 발상력과 아이디어를 만들어내는 장소여야 한다고 주장하는 시대가 되었습니다.

   미국의 어느 유명한 경영자가 앞으로 5~10년 안에 현재 인간이 처리하는 일의 절반 이상이 사라질 것이라고 예견했습니다. 모든 것이 컴퓨터화 되어 지금의 직업이 사라진다. 즉, 단순 작업이 완전히 도태되어 인간은 창조적인 일을 해야만 살아남을 수 있다는 의미입니다. 그렇다면 사람이 일하는 공간도 좀 더 창조력을 만들어낼 수 있도록 가치 있는 공간으로 탈바꿈해야 합니다.

   공간의 쾌적성, 또 발상력이 더욱 풍부하게 솟아나는 환경을 조성하는 것이야말로 앞으로의 사무실이 추구해야 할 가치입니다.

   서구권 회사의 사무실을 방문해보면 개성이 느껴지는 사무실이 매우 많습니다.

사무실을 얼마나 사무실답지 않은 공간으로 만들어서 기대감을 갖고 일할 수 있는 장소로 만들 수 있느냐가 앞으로 우리에게 주어진 과제가 아닐까요?

좋은 공간에는 좋은 인재가 모여든다

앞에서 사무실에 관해 말했는데, 제가 운영하는 회사인 리그나는 수많은 사무실 디자인에도 관여하고 있습니다. 좋은 의미에서 사무실답지 않은 사무실로 꾸몄더니 업무 효율과 채용의 질이 향상되어 회사가 급속도로 성장한 사례를 많이 보았습니다.

지금까지 동양권에는 인테리어에 신경을 쓰는 기업이 그리 많지 않았습니다.

저는 여러 군데의 사무실을 직접 디자인하며 회사의 인테리어야말로 기업 브랜딩이나 채용에서 가장 큰 힘을 발휘하는 요소라는 점을 절실히 느꼈습니다. 지금까지의 회사는 자신들이 취급하는 상품이나 판매하는 물건을 강조하는 경우는 있어도,

자기 회사의 이미지나 업무 환경을 세상에 제대로 알리는 곳이 없었습니다. 그러나 그 점을 깨닫고 돈을 들여야 할 곳에 아낌없이 투자하는 회사는 역시 성장하기 마련입니다.

공간을 바꾸면 채용에 대한 영향력이 커집니다. 구글 본사를 방문한 적이 있는데, 사무실에 들어선 순간 환경 조성에 힘을 쏟고 있다는 사실을 알 수 있었습니다. 손님을 대접하는 것은 당연한 행동이지만, 일하는 사람을 대접하기 위한 공간을 조성하는 데 노력을 기울이고 있었습니다. 그런 식으로 사원이 쾌적하게 지낼 수 있게 해준다는 발상이 현 시점에서 보통의 기업에는 아직 부족한 실정입니다.

물건을 구입하는 손님에게 기대감을 부여하는 행동은 비교적 잘 실천하고 있습니다. 하지만 물건을 판매하는 직원의 만족을 위한 행동은 실천하지 않습니다. 이를 실천만 하면 업무 효율이 향상될 텐데 정말로 안타까운 이야기입니다.

센스가 좋은 회사에는 센스가 좋은 인재가 모이기 마련입니다. 인테리어는 좋은 인재를 모으기 위한 하나의 장치이기도 합니다.

지금 기업에 필요한 것은 브랜딩입니다. 특히 일본의 기업은 대체로 브랜딩에 취약하다고 느낍니다. 저는 일부 상장기업을 비롯한 여러 기업을 상대로 브랜딩 컨설팅 업무도 하고 있는데, 업계의 대기업급 회사에서조차 브랜딩에 대한 이해도가 낮습니다. 사무실에 방문하면 "이 창조적인 발상이 떠오르지 않을 법한 공간은 어디입니까?"라는 말이 절로 나옵니다. 인테리어란 기업 브랜딩에서 가장 중요한 요소입니다.

회사란 무엇인가?
그것은 상품이 아니라 역시 '사람'과 '환경'입니다.
공간이 있어야 사람이 존재합니다.
그것이 바로 회사입니다.

따라서 그 중심적인 공간 자체를 좋게 꾸미는 일이 당연한 문화로 바뀌어야 합니다.

의자 하나로
인생을 바꾼 남자

이 책에서 지금까지 많은 이야기를 해왔는데 주제를 한마디로 요약하자면 '공간을 바꾸면 인생은 더 좋아진다'입니다.

초반에 덴마크의 의자를 주제로 썼는데 '의자를 바꿔서 인생이 달라진다'는 말을 실제로 경험한 인물이 있습니다. 이름은 이와쓰키 도모히데岩槻知秀입니다. 그는 도쿄에서 IT 관련 업체인 '레버리지Leverages 주식회사'를 경영하는 35세의 젊은 사장입니다. 일을 잘하는 우수한 경영자로 지금은 도쿄의 가장 비싼 지역에 사무실이 있지만, 저와 처음 만났을 때만 해도 여러 사무실이 한데 섞인 낡은 빌딩에 입주한 상태였습니다. 또 패션이나 인테리어에 전혀 흥미가 없었으며 좋지도 나쁘지도 않은 지극히 '평

범한' 사장이었습니다. 와세다 대학교 출신으로 머리는 좋았지만, 멋이나 인테리어에는 전혀 무감각한 사람이었습니다.

어느 날 그와 만났을 때 그의 집 인테리어를 멋지게 꾸미자는 이야기가 나와서 제가 전체적인 인테리어를 연출해주었습니다. 그리고 바로 그때부터 그에게서 큰 변화가 나타났습니다. 어느 순간 패션이 달라지더니 자동차가 바뀌었습니다.

그 후 저에게 회사의 인테리어를 전부 맡아달라는 의뢰를 했습니다. 인테리어 후 그의 회사 명함이 바뀌었고, 회사의 웹사이트도 리뉴얼되었습니다.

10억 엔 규모였던 회사의 매출이 현재는 140억 엔까지 증가했습니다.

또한 회사의 인테리어가 달라진 것을 계기로 회사에 모여드는 인재의 질이 단번에 향상되어 사원도 수백 명으로 늘어났습니다. 정말 눈 깜짝할 사이에 브랜딩을 잘하고 사원에게 사랑받는 일류 IT 회사로 거듭난 것입니다.

거짓말처럼 들리십니까? 거슬러 올라가보면 그의 자택에 있는 의자 하나를 바꾼 일에서 시작되었습니다. 공간을 바꾸면 인생이 달라진다는 말의 좋은 사례로 볼 수 있습니다. 물론 그 자신이 우수한 경영자라는 점이 가장 큰 요인이기는 합니다.

그렇지만 그 계기는 인테리어 소품 하나를 바꾼 일에 지나지 않습니다.

'사무실답지 않은 사무실'의 실제 사례.

회사의 인테리어가 바뀌면 인재가 몰려든다.

마음이 100% 충족되는
공간을 가졌는가

이상적인 공간에 대해 질문하면 대부분의 사람들이 이렇게 말합니다.

"호텔에서 살아보고 싶다."

"호텔과 비슷한 생활을 해보고 싶다."

저는 일본은 물론이고 해외 출장이 잦은 탓에 연간 3분의 1 정도는 호텔에서 지냅니다. 호텔에서의 생활은 확실히 말해 환대 정신이 뛰어나서 청소나 식사 등 무엇 하나 불편함 없이 지낼 수 있습니다. 환경도 훌륭하다는 말밖에 표현할 길이 없습니다.

헬스클럽과 수영장이 있으며 호텔 직원이 날마다 "다녀오셨습니까?"라고 말을 걸어줍니다. 하지만 어릴 때부터 생활해온 기반이 어디까지나 일반적인 주거 형태이기에 모든 사람이 동경하는 호텔 생활도 실제 일반 가정의 주방과 세탁기가 있는 '당연한' 환경이 주는 심리적 만족감을 이겨낼 수는 없습니다.

귀가해서 '안심하는' 공간이란 반드시 사치스러운 환경이라고 단언할 수 없습니다. 어디까지나 개인의 만족도가 중요합니다.

마음이 행복해지는 편안한 공간에서 다른 사람을 대접하는 행위야말로 인간의 본질적인 기쁨과 감동으로 이어지지 않을까요?

인테리어는 자신을 표현하는
그림이다

저는 어릴 때 본가의 개축改築을 경험한 후부터 인테리어에 집착하기 시작했습니다. 집을 고쳐 짓기 전까지 저희 집은 이른바 순일본식 가옥이었습니다. 단층 주택이었는데 거실에 고타쓰(炬燵, 일본의 실내 난방 기구로 나무 테이블 밑에 화로를 넣어 그 위에 담요 등을 덮어서 사용한다 - 옮긴이)가 있었고 밥상에서 식사했으며 이불을 바닥에 깔고 잠을 잤습니다.

사춘기에 접어들 무렵 집을 고쳐 지은 것을 계기로 인테리어에 대한 개념이 완전히 뒤바뀌었습니다. 북유럽식 가옥으로 새롭게 바뀌었기 때문입니다. 고타쓰가 거실 소파 세트로, 밥상이 다이닝 테이블 세트로, 또 이불이 침대로 변신했습니다. 생활 방식도 180도 달라져서 공간과 인테리어라는 존재를 순식간에 자각했습니다.

나만의 방이 처음으로 생긴 덕분에 마음대로 가구 배치를 바꿔보거나 천장에 별 스티커를 붙여보기도 했습니다. 지금 생각해보면 귀여운 행동이었지만 당시에는 매우 진지하게 가슴이 두근거렸던 기억이 납니다.

바로 이 '기대감'이 중요 포인트였습니다. 인테리어는 자유롭습니다. 자신이 좋아하는 대로 마음껏 꾸며야 즐겁습니다. 이것이 제가 인테리어를 좋아하게 된 계기입니다. 그 후 대학생이 되어 처음으로 혼자 살며 아파트를 빌렸습니다. 그곳에서 인테리어와 가구 등을 이것저것 연구하기 시작했습니다.

잡화점에서 원단을 사오면 태피스트리처럼 벽에 걸어보거나, 전파상에서 거치형 전구를 구입한 뒤 홈 센터에서 나무로 된 오브제를 사서 전구 위에 씌워 오리지널 간접 조명을 만들어보는 등 자유롭게 인테리어를 했습니다.

제 나름대로 이렇게 연구를 거듭하며 조금씩 노력하는 동안 질이 향상되어갔습니다. 이제야 생각해보면 그 무렵부터 인테리어를 생업으로 삼을 징조가 보인 듯합니다.

소중한 사람을
만족시킨다는 것

인테리어는 브랜딩의 무기라고 앞에서 설명했는데, 이는 기업이나 점포뿐만 아니라 독자 개인에게도 해당될 수 있습니다. 최근에는 '셀프 브랜딩'이라는 말이 자주 쓰이기 시작합니다. 패션과 메이크업을 활용한 이미지, SNS를 사용한 정보 발신 등 셀프 브랜딩의 종류가 다양해서 이에 관한 서적도 많이 출판되고 있습니다. 확실히 스스로의 가치를 높여나가는 것은 중요합니다.

"외모가 90퍼센트를 차지한다."

"옷을 바꾸면 인생이 달라진다."

이런 말을 흔히 하는데 전적으로 동의합니다. 자신의 외모를 좀 더 좋게 바꾸는 것 등은 중요한 셀프 브랜딩 행위라고 할 수 있습니다.

그러나 그것만으로 충분할까요? 좋은 슈트를 입고 멋진 구두를 신는 행위가 남들에게서 좋은 평가를 받거나 감사 인사를 듣거나 감동을 주는 일과 과연 얼마나 연결될까요? 결국 그 사람의 자기만족으로 끝나고 마는 경우가 허다합니다.

하지만 인테리어는 다릅니다. 남들과 공유하는 공간이기 때문입니다. 이는 북유럽에서 지극히 상식적인 사고방식입니다.

'그 사람이 이 집에 오면 뭐라고 말해줄까?'

'이 소파를 과연 좋아해줄까?'

즉, 인테리어는 다른 사람도 생각하면서 꾸미는 것입니다. 따라서 남을 위해 쾌적한 공간, 아름다운 인테리어, 지내기 편한 방을 만들어야 합니다. 그렇게 의식해서 공간을 꾸미면 그곳에 손님을 초대했을 때 깜짝 놀랄 정도로 칭찬받고 감동도 얻을 수 있습니다.

이런 행복한 일이 또 있을까요?

또한 시간과 공간을 초대한 손님과 함께 나눌 수 있습니다. 혼자서 지내는 시간도 귀한 시간입니다. 하지만 시간과 공간을 공유하는 사람이 있어서 그가 감동해준다면 두 사람 몫의 소중한 시간을 음미할 수 있습니다.

대부분의 셀프 브랜딩과 관련된 서적 등을 보면
'슈트는 주문 제작해서 입는다.'
'시계는 부자연스럽게 보이지 않는 것을 선택한다.'
'넥타이는 이런 식으로 매자.'
'향수는······.'
이렇게 자신이 몸에 착용해 장식하는 물건에 대해 주로 쓰여 있습니다.

그러나 저는 자택이든 사무실이든 어떤 공간이든지 초대하는 사람을 배려해서 꾸미는 것이 결과적으로 최고의 셀프 브랜딩이라고 생각합니다. 질 좋은 공간을 만드는 것이야말로 당신의 소중한 사람을 가장 빨리 행복하게 하고, 또 당신의 궁극적인 셀프 브랜딩이 된다는 사실을 의식하면 좋을 것입니다.

이처럼 인테리어는 당신과 당신의 소중한 사람을 행복하게 만들 수 있는 가장 친숙하고 간단한 수단입니다.

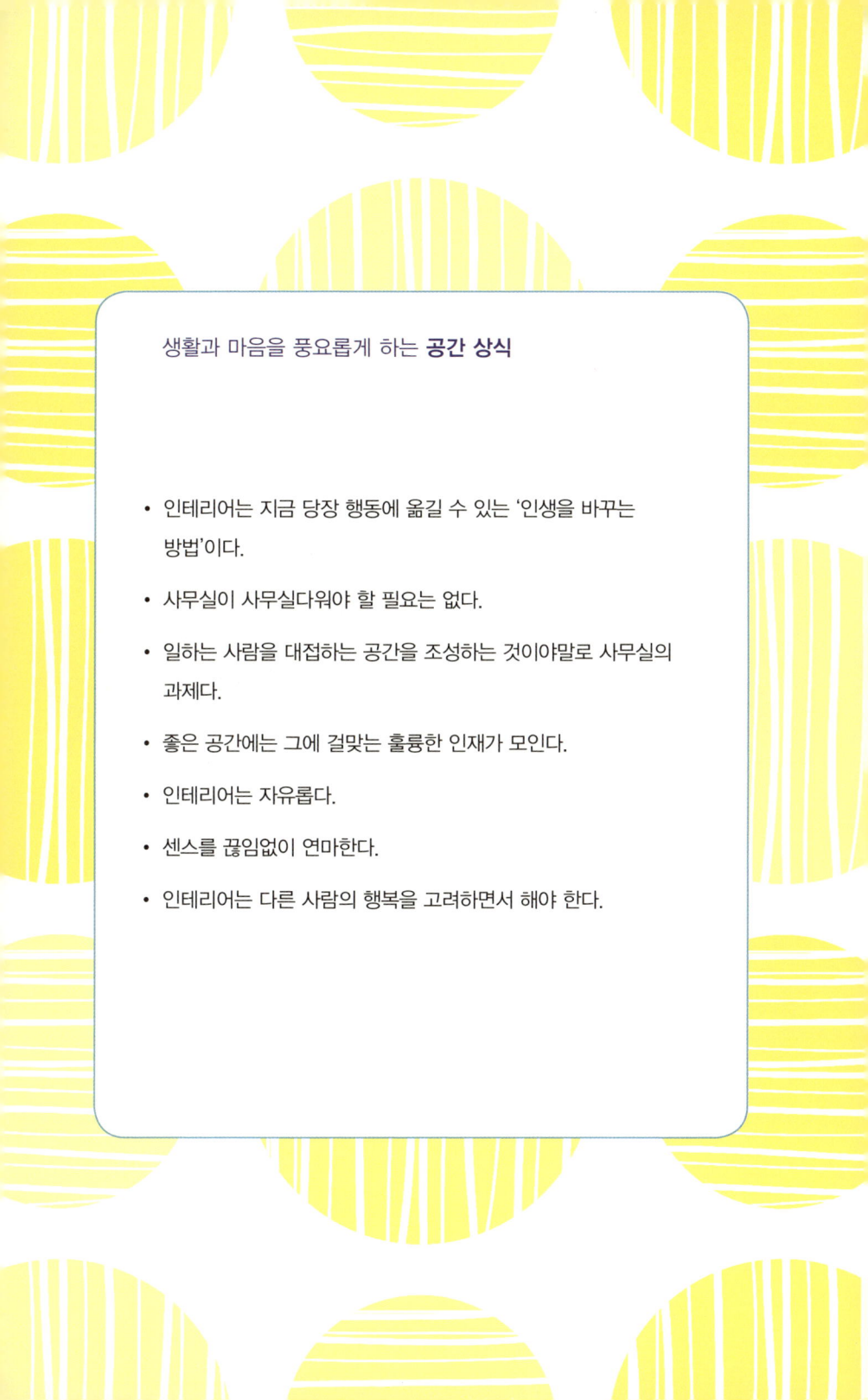

생활과 마음을 풍요롭게 하는 **공간 상식**

- 인테리어는 지금 당장 행동에 옮길 수 있는 '인생을 바꾸는 방법'이다.
- 사무실이 사무실다워야 할 필요는 없다.
- 일하는 사람을 대접하는 공간을 조성하는 것이야말로 사무실의 과제다.
- 좋은 공간에는 그에 걸맞는 훌륭한 인재가 모인다.
- 인테리어는 자유롭다.
- 센스를 끊임없이 연마한다.
- 인테리어는 다른 사람의 행복을 고려하면서 해야 한다.

에필로그

멋진 공간에서의
웃음 넘치는 생활을 위해

인생 = 공간

저는 이 사고방식을 늘 의식하며 살아가고 있습니다. 인생은 전부 '시간'으로 구성되어 있으며 그 시간을 보내는 '공간'이야말로 인생 자체나 다름없습니다. 저는 항상 인생이 멋지고 즐겁기를 바라며 살아갑니다. 아무리 돈이 많아도 즐거운 인생을 실현하지 못하는 사람이 허다합니다.

훌륭한 인생이란 자신이 시간을 어떻게 사용하고, 그 사용한 시간을 진심으로 만족할 수 있느냐를 의미합니다. 또 그런 인생에는 자신이 진심으로 만족할 수 있는 공간이 필요합니다.

본문에서도 말했다시피 만족할 수 있는 공간이란 반드시 '넓거나 호화로운 공간'이어야 하는 것은 아닙니다. 설령 비좁거나 돈을 투자하기 어려운 경우라도 자신이나 자신이 소중하게 여기는 사람의 마음이 풍요로워지는 집을 꾸밀 수 있습니다. 이를 계기로 해서 '좀 더 넓은 집에서 손님을 대접하고 싶다', '쾌적하게 생활하고 싶다'고 생각한다면 그 공간을 위해 열심히 일할 수도 있습니다.

일단 우리는 공간 즉, 인테리어에 좀 더 흥미를 가져야 합니다. 일에 지쳐서 퇴근할 때 돌아갈 집에 대해 기대할 수 있다면 그 사람의 마음은 분명히 풍요로워질 것입니다. 과장스럽게 표현하면 온 세상이 더욱더 평화로워질 것입니다.

모든 것은 공간에서 시작되고 공간에서 끝납니다. 우리는 그런 인생을 살기에 공간에 흥미를 갖지 못하는 인생이 아깝다고 생각합니다.

마지막으로 저는 지금 리그나 주식회사에서 인테리어를 생업으로 삼고 있는데, 어떤 의미로는 사람의 인생 자체라고도 할 수 있는 공간을 디자인하는 일에 종사하고 있습니다. 저에게 인테리어는 행복이며 풍요로운 인생의 양식과 같습니다.

　제가 인테리어에 흥미를 갖게 된 많은 계기를 부여해주신 부모님, 그리고 제가 가장 좋아하는 인테리어 사업을 뒤에서 도와주는 리그나 식구들, 이번 출판에 크나큰 협력을 해주신 기즈나 출판의 고데라 유키 씨에게 진심으로 감사의 마음을 전합니다.
　정말로 감사합니다.

　전 세계에 멋진 공간과 웃음이 넘쳐서 한 명이라도 더 많은 사람이 행복해지길 바라며.

가장 좋아하는 의자에 앉아서
오자와 료스케

옮긴이 **박재영**

서경대학교 일어학과를 졸업했다. 어릴 때부터 출판, 번역 분야에 종사한 외할아버지 덕분에 자연스럽게 책을 접하며 동양권 언어에 관심을 가졌다. 번역을 통해 새로운 지식을 알아가는 것에 재미를 느껴 번역가의 길로 들어서게 되었다. 분야를 가리지 않는 강한 호기심으로 다양한 장르의 책을 번역, 소개하기 위해 힘쓰고 있다. 현재 번역 에이전시 엔터스코리아 출판기획 및 일본어 전문 번역가로 활동하고 있다.

옮긴 책으로는 《YES를 이끌어내는 심리술》《순식간에 호감도를 높이는 대화기술》 《인생은 잇셀프》 등이 있다.

덴마크 사람은 왜 첫 월급으로 의자를 살까

ⓒ 오자와 료스케, 2016

초판 1쇄 발행일 2016년 10월 4일
초판 3쇄 발행일 2024년 1월 10일

지은이   오자와 료스케
옮긴이   박재영
펴낸이   정은영

펴낸곳   꼼지락
출판등록 2001년 11월 28일 제2001-000259호
주소   10881 경기도 파주시 회동길 325-20
전화   편집부 (02)324-2347 경영지원부 (02)325-6047
팩스   편집부 (02)324-2348 경영지원부 (02)2654-7696
이메일   munhak@jamobook.com

ISBN 978-89-544-3659-5 (13190)

· 잘못된 책은 구입처에서 교환해드립니다.
· 꼼지락은 "마음을 움직이는(感) 즐거운(樂) 지식을 담는(知)"
  ㈜자음과모음의 실용에세이 브랜드입니다.